EL ARTE DE HACER PAN VEGANO EN CASA

Un enfoque vegano del pan casero a través de 100 recetas

Verónica Pascual

Material con derechos de autor ©2024

Reservados todos los derechos

Ninguna parte de este libro puede usarse ni transmitirse de ninguna forma ni por ningún medio sin el debido consentimiento por escrito del editor y del propietario de los derechos de autor, excepto las breves citas utilizadas en una reseña. Este libro no debe considerarse un sustituto del asesoramiento médico, legal o de otro tipo profesional.

TABLA DE CONTENIDO

TABLA DE CONTENIDO 3
INTRODUCCIÓN 6
PAN PORTUGUÉS 7
    1. Bola De Carne 8
    2. Broa De Milho 11
    3. Pan Alentejano 13
    4. Papo-Seco O Carcaça 15
    5. Pão De Mafra 18
    6. Broa De Avintes 21
    7. Pão De Centeio 24
    8. Broa De Avintes 26
    9. Pão De Água 28
    10. Pão De Batata 30
    11. Pão De Mealhada 32
    12. Pão De Alfarroba 34
    13. Pão De Rio Maior 36
    14. Pão De Centeio 38
    15. Regueifa 40
PAN ESPAÑOL 43
    16. Pan Con Tomate 44
    17. Pan Rústico 46
    18. Pan De Payes 49
    19. Pan Gallego 51
    20. Pan Cubano 54
    21. Pan De Alfacar 56
    22. Pan Cateto 59
    23. Pan De Cruz 61
    24. Pataqueta 64
    25. Telera 67
    26. Llonguet 70
    27. Borona 73
    28. Pistola 76
    29. Regañao 79
    30. Torta De Aranda 82
    31. Txantxigorri 85
    32. Pan De Semillas 88
    33. Oreja 91
PAN GRIEGO 93
    34. Lagana 94
    35. Horiatiko Psomi 96
    36. Ladeni 99

37. Psomi Pita 102
　38. Psomi Spitiko 105
　39. Koulouri Salónica 107
　40. Artos 110
　41. Zea 112
　42. Paximatia 115
　43. Batzina 118
　44. Psomi Tou Kyrion 120
　45. Xerotigana 123

PAN FRANCÉS **126**
　46. Baguette 127
　47. Baguettes Au Levain 131
　48. Pain d'Épi 133
　49. Pain d'Épi Aux Herbes 137
　50. Fouée 141
　51. Fougasse 144
　52. Fougasse à l'Ail 147
　53. Fougasse Au Romarin 149
　54. Pain De Campaña 152
　55. Boule De Pain 155
　56. La Petite Boule De Pain 159
　57. Dolor Completo 162
　58. Dolor Aux Noix 165
　59. Gibassier 169
　60. Dolor Au Son 171
　61. Faluche 173
　62. Pain De Seigle 176
　63. Miche 179

PAN ITALIANO **182**
　64. Grissini Alle Erbe 183
　65. Pan Pugliese 185
　66. Grissini 188
　67. Panel Pita 190
　68. Pan Al Farro 192
　69. Focaccia 195
　70. Focaccia Di Mele 198
　71. Schiacciata 201
　72. Pane Di Altamura 204
　73. Pan Casareccio 207
　74. Panel Toscano 209
　75. Pan Di Semola 211
　76. Pan Al Pomodoro 213
　77. Pane Alle Oliva 216

78. Pane Alle Noci ... 219
79. Pane Alle Erbe ... 221
80. Pan Di Riso ... 224
81. Pan Di Ceci ... 226
82. Pan Di Patate ... 228
83. ... 230

PAN TURCO ... **233**

84. Sim ... 234
85. Ekmek ... 237
86. Lahmacun ... 239
87. Bazlama ... 242
88. Sırıklı Ekmek ... 245
89. Lavaş ... 248
90. Acı Ekmeği ... 250
91. Peksimet ... 253
92. Cevizli Ekmek ... 255
93. Yufka ... 258
94. Pide Ekmek ... 261
95. Vakfıkebir Ekmeği ... 264
96. Karadeniz Yöresi Ekmeği ... 267
97. Köy Ekmeği ... 270
98. Tost Ekmeği ... 273
99. Kaşarlı Ekmek ... 276
100. Kete ... 279

CONCLUSIÓN ... **282**

INTRODUCCIÓN

Bienvenido a "El arte de hornear pan vegano en casa", una aventura culinaria en la que exploramos el mundo de la repostería vegana a través de 100 deliciosas recetas de pan. Este libro de cocina es su guía para crear pan delicioso a base de plantas en la comodidad de su propia cocina. Únase a nosotros en un viaje que celebra el arte de hacer pan vegano, desde el aroma de la masa leudando hasta la satisfacción de saborear un pan recién horneado.

Imagina una cocina llena del aroma del pan caliente, cortezas doradas e ingredientes saludables que se alinean con tu estilo de vida vegano. "El arte de hornear pan vegano en casa" no es sólo una colección de recetas; es una exploración de las técnicas, los sabores y la alegría que conlleva la elaboración de pan vegano. Ya seas un panadero experimentado o alguien nuevo en el mundo del veganismo, estas recetas están diseñadas para inspirarte a crear panes deliciosos y libres de crueldad animal.

Desde panes de sándwich clásicos hasta masas madre artesanales, y desde delicias dulces para el desayuno hasta panecillos salados, cada receta es una celebración de la versatilidad y creatividad que ofrece la repostería vegana. Ya sea que esté horneando para el desayuno, el almuerzo, la cena o un delicioso refrigerio, este libro de cocina es su recurso de referencia para mejorar sus habilidades para hacer pan vegano.

Únase a nosotros mientras profundizamos en el arte del pan vegano, donde cada receta es un testimonio de las posibilidades y delicias que surgen cuando se combinan ingredientes de origen vegetal. Entonces, reúna harina, levadura e ingredientes aptos para veganos, abrace el placer de hornear y embarquémonos en un viaje culinario a través de "El arte de hornear pan vegano en casa".

PAN PORTUGUÉS

1. Bola De Carne

INGREDIENTES:
PARA LA MASA:
- 4 tazas de harina para pan
- 10 g de sal
- 10 g de azúcar
- 7 g de levadura seca instantánea
- 250 ml de agua tibia
- 2 cucharadas de aceite de oliva

PARA EL LLENADO:
- 300 g de carne molida (o una mezcla de ternera y cerdo)
- 1 cebolla pequeña, finamente picada
- 2 dientes de ajo, picados
- 1 zanahoria pequeña, finamente rallada
- 1 cucharada de pasta de tomate
- 1 cucharadita de pimentón
- Sal y pimienta para probar
- Perejil fresco picado (opcional)

INSTRUCCIONES:
a) En un tazón grande, combine la harina para pan, la sal y el azúcar.
b) En un tazón pequeño aparte, disuelva la levadura seca instantánea en agua tibia. Déjelo reposar durante unos 5 minutos hasta que esté espumoso.
c) Vierta la mezcla de levadura en el bol con la mezcla de harina. Agrega el aceite de oliva. Mezclar bien hasta que todos los ingredientes estén bien combinados y formen una masa pegajosa.
d) Transfiera la masa a una superficie ligeramente enharinada y amase durante unos 10 minutos hasta que quede suave y elástica.
e) Vuelva a colocar la masa en el tazón, cúbrala con un paño de cocina limpio o una envoltura de plástico y déjela reposar en un lugar cálido durante aproximadamente 1 a 2 horas, o hasta que duplique su tamaño.
f) Mientras la masa sube, prepara el relleno. En una sartén, calienta un poco de aceite de oliva a fuego medio. Agrega la cebolla picada y el ajo picado y sofríe hasta que se vuelvan traslúcidos.

g) Agregue la carne molida (o la mezcla de carne de res y cerdo) a la sartén y cocine hasta que se dore. Agrega la zanahoria rallada, la pasta de tomate, el pimentón, la sal y la pimienta. Revuelva bien para combinar todos los ingredientes. Cocine por unos minutos más hasta que los sabores se mezclen. Retirar del fuego y dejar enfriar.

h) Una vez que la masa haya subido, transfiérala a una superficie enharinada y divídala en dos porciones iguales.

i) Tome una porción de masa y extiéndala hasta darle forma circular u ovalada, de aproximadamente ¼ de pulgada de grosor.

j) Extienda la mitad del relleno de carne sobre la masa extendida, dejando un pequeño borde alrededor de los bordes.

k) Extienda la segunda porción de masa hasta darle una forma similar y colóquela encima del relleno de carne, sellando los bordes. Puedes doblar los bordes con los dedos o usar un tenedor para presionarlos.

l) Precalienta tu horno a 200°C (400°F).

m) Transfiera la Bola de Carne ensamblada a una bandeja para hornear forrada con papel pergamino. Haga algunos cortes superficiales en la parte superior del pan para permitir que escape el vapor durante el horneado.

n) Hornee la Bola de Carne en el horno precalentado durante unos 30 a 35 minutos, o hasta que esté dorada por fuera y suene hueca al golpearla en la parte inferior.

o) Retire la Bola de Carne del horno y déjela enfriar un poco antes de cortarla y servirla.

2.Broa De Milho

INGREDIENTES:
- 250 g de harina de maíz (molida fina o media)
- 250 g de harina de trigo
- 10 g de sal
- 10 g de azúcar
- 10 g de levadura seca activa
- 325 ml de agua tibia
- Aceite de oliva, para engrasar

INSTRUCCIONES:

a) En un tazón grande, combine la harina de maíz, la harina de trigo, la sal y el azúcar.

b) En un recipiente aparte, disuelva la levadura en agua tibia y déjala reposar durante unos 5 minutos hasta que esté espumosa.

c) Vierta la mezcla de levadura en el bol con la harina de maíz y la harina. Mezclar bien hasta que todos los ingredientes estén bien combinados y formen una masa pegajosa.

d) Cubre el recipiente con un paño de cocina limpio o papel film y deja que la masa crezca en un lugar cálido durante aproximadamente 1 a 2 horas, o hasta que haya duplicado su tamaño.

e) Precalienta tu horno a 200°C (400°F) y engrasa una bandeja para hornear o cúbrela con papel pergamino.

f) Una vez que la masa haya subido, dale forma con cuidado de forma redonda u ovalada y colócala en la bandeja para hornear preparada.

g) Cubre el pan con un paño de cocina limpio y déjalo reposar durante otros 30 minutos.

h) Después del segundo aumento, use un cuchillo afilado o una hoja de afeitar para hacer algunos cortes superficiales en la parte superior del pan. Esto ayudará a que el pan se expanda mientras se hornea.

i) Coloque la bandeja para hornear en el horno precalentado y hornee el pan durante unos 30 a 35 minutos, o hasta que esté dorado por fuera y suene hueco al golpearlo en la parte inferior.

j) Una vez horneada la broa de milho, retírala del horno y déjala enfriar sobre una rejilla antes de cortarla y servirla.

3.Pao Alentejano

INGREDIENTES:
- 4 tazas de harina de pan fuerte
- 350 ml de agua tibia
- 10 g de sal
- 5 g de levadura seca activa

INSTRUCCIONES:

a) En un tazón grande, combine la harina para pan y la sal.

b) En un recipiente aparte, disuelva la levadura en agua tibia y déjela reposar durante unos 5 minutos hasta que esté espumosa.

c) Vierte la mezcla de levadura en el bol con la harina y la sal. Revuelve bien hasta que los ingredientes estén completamente combinados y formen una masa pegajosa.

d) Cubre el recipiente con un paño de cocina limpio o papel film y deja que la masa crezca en un lugar cálido durante aproximadamente 1 a 2 horas, o hasta que haya duplicado su tamaño. Esto permite que la levadura fermente y desarrolle sabor.

e) Una vez que la masa haya subido, precalienta el horno a 220°C (425°F).

f) Enharina ligeramente una superficie limpia y voltea la masa sobre ella. Amasar la masa durante unos 10 minutos hasta que quede suave y elástica.

g) Forme una hogaza redonda con la masa y colóquela en una bandeja para hornear forrada con papel pergamino o en una fuente para horno engrasada.

h) Cubre el pan con un paño de cocina limpio y déjalo reposar durante otros 30 minutos.

i) Una vez que la masa haya vuelto a subir, use un cuchillo afilado o una hoja de afeitar para hacer algunos cortes diagonales en la parte superior del pan. Esto permitirá que el pan se expanda mientras se hornea.

j) Coloque la bandeja para hornear en el horno precalentado y hornee el pan durante unos 30 a 35 minutos, o hasta que se dore y suene hueco al golpearlo en el fondo.

k) Una vez horneado el pan, retíralo del horno y déjalo enfriar sobre una rejilla antes de cortarlo y servir.

l) ¡Disfruta de tu Pão Alentejano casero!

4.Papo-Seco O Carcaça

INGREDIENTES:
- 4 tazas de harina para pan
- 10 g de sal
- 10 g de azúcar
- 7 g de levadura seca instantánea
- 300ml de agua tibia
- Aceite de oliva
- Harina extra para espolvorear

INSTRUCCIONES:
a) En un tazón grande, combine la harina para pan, la sal, el azúcar y la levadura seca instantánea.
b) Agrega poco a poco el agua tibia a los ingredientes secos mientras revuelves con una cuchara de madera o una espátula.
c) Continúe mezclando hasta que la masa se una y se vuelva demasiado difícil de revolver.
d) Transfiera la masa a una superficie ligeramente enharinada y amase durante unos 10 minutos hasta que quede suave y elástica.
e) Forma una bola con la masa y colócala nuevamente en el tazón. Rocíe un poco de aceite de oliva sobre la masa y gírela para cubrirla uniformemente con aceite.
f) Cubre el recipiente con un paño de cocina limpio o papel film y deja que la masa crezca en un lugar cálido durante aproximadamente 1 a 2 horas, o hasta que haya duplicado su tamaño.
g) Una vez que la masa haya subido, golpéala para liberar el aire y transfiérala nuevamente a la superficie enharinada.
h) Divida la masa en porciones más pequeñas, cada una con un peso de entre 70 y 80 g, dependiendo del tamaño deseado de los panecillos.
i) Forme una bola redonda con cada porción doblando los bordes hacia abajo y girándola contra la superficie con la palma.
j) Coloque los panecillos con forma en una bandeja para hornear forrada con papel pergamino, dejando algo de espacio entre ellos para que se expandan.

k) Cubre la bandeja para hornear con un paño de cocina limpio y deja que los panecillos crezcan durante otros 30 minutos.
l) Precalienta tu horno a 220°C (425°F).
m) Una vez que los panecillos hayan subido, use un cuchillo afilado o una hoja de afeitar para hacer algunos cortes diagonales en la parte superior de cada panecillo.
n) Coloque la bandeja para hornear en el horno precalentado y hornee los panecillos durante unos 15 a 20 minutos, o hasta que se doren y suenen huecos al golpearlos en el fondo.
o) Una vez horneado el Papo-seco o la Carcaça, sácalos del horno y déjalos enfriar sobre una rejilla antes de servir.
p) ¡Disfruta de tu Papo-seco o Carcaça casero! Son perfectos para sándwiches o se sirven junto con tus comidas favoritas.

5.Pao De Mafra

INGREDIENTES:
- 1 kg de harina para pan
- 20 g de sal
- 20 g de azúcar
- 20 g de levadura fresca
- 700ml de agua tibia
- Aceite de oliva
- Harina extra para espolvorear

INSTRUCCIONES:
a) En un tazón grande, combine la harina para pan, la sal y el azúcar.
b) En un recipiente pequeño aparte, disuelva la levadura fresca en una pequeña cantidad de agua tibia. Si usas levadura seca activa, disuélvela en una pequeña cantidad de agua tibia con una pizca de azúcar y déjala reposar durante 5 minutos hasta que esté espumosa.
c) Haga un hueco en el centro de la mezcla de harina y vierta la mezcla de levadura disuelta.
d) Agrega poco a poco el agua tibia al bol, mientras revuelves con una cuchara de madera o una espátula. Continúe mezclando hasta que la masa se una.
e) Transfiera la masa a una superficie ligeramente enharinada y amase durante unos 10 a 15 minutos hasta que quede suave, elástica y ligeramente pegajosa.
f) Forma una bola con la masa y colócala nuevamente en el tazón. Rocíe un poco de aceite de oliva sobre la masa y gírela para cubrirla uniformemente con aceite.
g) Cubre el recipiente con un paño de cocina limpio o papel film y deja que la masa suba en un lugar cálido durante aproximadamente 2 a 3 horas, o hasta que haya duplicado su tamaño.
h) Una vez que la masa haya subido, golpéala para liberar el aire y transfiérala nuevamente a la superficie enharinada.
i) Divida la masa en dos porciones iguales y forme con cada porción una hogaza redonda u ovalada. Coloque los panes en una bandeja para hornear forrada con papel pergamino.

j) Cubra la bandeja para hornear con un paño de cocina limpio y deje que los panes crezcan durante otros 30 a 60 minutos.
k) Precalienta tu horno a 230°C (450°F).
l) Una vez que los panes hayan subido, use un cuchillo afilado o una hoja de afeitar para hacer algunos cortes diagonales en la parte superior de cada pan.
m) Coloque la bandeja para hornear en el horno precalentado y hornee los panes durante unos 25 a 30 minutos, o hasta que se doren y suenen huecos al golpearlos en el fondo.
n) Una vez horneado el Pão de Mafra, retira los panes del horno y déjalos enfriar sobre una rejilla antes de cortarlos y servirlos.

6.Broa De Avintes

INGREDIENTES:
- 250 g de harina de maíz (molida fina o media)
- 250 g de harina de trigo
- 10 g de sal
- 10 g de azúcar
- 7 g de levadura seca activa
- 325 ml de agua tibia
- Aceite de oliva, para engrasar

INSTRUCCIONES:

a) En un tazón grande, combine la harina de maíz, la harina de trigo, la sal y el azúcar.

b) En un recipiente pequeño aparte, disuelva la levadura seca activa en agua tibia. Déjelo reposar durante unos 5 minutos hasta que esté espumoso.

c) Vierta la mezcla de levadura en el bol con la harina de maíz y la harina. Mezclar bien hasta que todos los ingredientes estén bien combinados y formen una masa pegajosa.

d) Cubre el recipiente con un paño de cocina limpio o papel film y deja que la masa crezca en un lugar cálido durante aproximadamente 1 a 2 horas, o hasta que haya duplicado su tamaño.

e) Precalienta tu horno a 200°C (400°F) y engrasa una bandeja para hornear o cúbrela con papel pergamino.

f) Una vez que la masa haya subido, dale forma con cuidado de forma redonda u ovalada y colócala en la bandeja para hornear preparada.

g) Cubre el pan con un paño de cocina limpio y déjalo reposar durante otros 30 minutos.

h) Después del segundo aumento, use un cuchillo afilado o una hoja de afeitar para hacer algunos cortes superficiales en la parte superior del pan. Esto ayudará a que el pan se expanda mientras se hornea.

i) Coloque la bandeja para hornear en el horno precalentado y hornee el pan durante unos 30 a 35 minutos, o hasta que esté dorado por fuera y suene hueco al golpearlo en la parte inferior.

j) Una vez horneada la Broa de Avintes, retírala del horno y déjala enfriar sobre una rejilla antes de cortarla y servirla.

7. Pão De Centeio

INGREDIENTES:
- 250 g de harina de centeno
- 250 g de harina pan
- 10 g de sal
- 7 g de levadura seca instantánea
- 325 ml de agua tibia
- Aceite de oliva, para engrasar
- Harina extra para espolvorear

INSTRUCCIONES:
a) En un tazón grande, combine la harina de centeno, la harina para pan y la sal.
b) En un tazón pequeño aparte, disuelva la levadura seca instantánea en agua tibia. Déjelo reposar durante unos 5 minutos hasta que esté espumoso.
c) Vierte la mezcla de levadura en el bol con las harinas y la sal. Mezclar bien hasta que todos los ingredientes estén bien combinados y formen una masa pegajosa.
d) Cubre el recipiente con un paño de cocina limpio o papel film y deja que la masa crezca en un lugar cálido durante aproximadamente 1 a 2 horas, o hasta que haya duplicado su tamaño.
e) Precalienta tu horno a 220°C (425°F) y engrasa una bandeja para hornear o cúbrela con papel pergamino.
f) Una vez que la masa haya subido, transfiérala a una superficie ligeramente enharinada y déle forma de pan redondo u ovalado.
g) Coloque el pan en la bandeja para hornear preparada. Haga algunos cortes superficiales en la parte superior del pan con un cuchillo afilado o una hoja de afeitar.
h) Cubre el pan con un paño de cocina limpio y déjalo reposar durante otros 30 minutos.
i) Hornea el pan en el horno precalentado durante unos 35 a 40 minutos, o hasta que esté dorado y suene hueco al golpearlo en el fondo.
j) Una vez horneado el Pão de Centeio, sácalo del horno y déjalo enfriar sobre una rejilla antes de cortarlo y servir.

8.Broa De Avintes

INGREDIENTES:
- 250 g de harina de maíz
- 250 g de harina pan
- 10 g de sal
- 7 g de levadura seca instantánea
- 325 ml de agua tibia
- Aceite de oliva, para engrasar

INSTRUCCIONES:

a) En un tazón grande, combine la harina de maíz, la harina para pan, la sal y la levadura seca instantánea.

b) Agregue gradualmente el agua tibia a los ingredientes secos mientras mezcla. Continúe mezclando hasta que todos los ingredientes estén bien combinados y formen una masa pegajosa.

c) Transfiera la masa a una superficie ligeramente enharinada y amase durante unos 10 minutos hasta que quede suave y elástica. Agrega más harina si es necesario, pero ten cuidado de no secar demasiado la masa.

d) Vuelva a colocar la masa en el tazón, cúbrala con un paño de cocina limpio o una envoltura de plástico y déjela reposar en un lugar cálido durante aproximadamente 1 a 2 horas, o hasta que duplique su tamaño.

e) Una vez que la masa haya subido, precalienta el horno a 200°C (400°F).

f) Golpea la masa para liberar el aire y dale forma de pan redondo o panecillos individuales, según tu preferencia.

g) Coloque la masa moldeada en una bandeja para hornear forrada con papel pergamino. Haga algunos cortes superficiales en la parte superior del pan para permitir que se expanda mientras se hornea.

h) Cubre la bandeja para hornear con un paño de cocina limpio y deja que la masa suba durante otros 30 minutos.

i) Hornea la Broa de Avintes en el horno precalentado durante unos 30 a 35 minutos, o hasta que esté dorada por fuera y suene hueca al golpearla en la parte inferior.

j) Saca el pan del horno y déjalo enfriar sobre una rejilla antes de servir

9.Pão De Água

INGREDIENTES:
- 4 tazas de harina para pan
- 2 cucharaditas de sal
- 2 cucharaditas de levadura instantánea
- 2 tazas de agua tibia

INSTRUCCIONES:

a) En un tazón grande, combine la harina para pan, la sal y la levadura instantánea.

b) Agrega poco a poco el agua tibia, mezclando bien hasta que se forme una masa suave.

c) Transfiera la masa a una superficie enharinada y amase durante unos 10 minutos hasta que quede suave y elástica.

d) Vuelve a colocar la masa en el bol, cúbrela con un paño y déjala reposar en un lugar cálido durante 1-2 horas o hasta que doble su tamaño.

e) Precalienta el horno a 450 °F (230 °C) y coloca una piedra para hornear o una bandeja para hornear en la rejilla del medio.

f) Golpea la masa y dale forma de pan redondo u ovalado.

g) Coloque el pan en una bandeja para hornear forrada con papel pergamino y déjelo reposar durante otros 30 minutos.

h) Con un cuchillo afilado, haga cortes diagonales en la parte superior del pan.

i) Transfiera la bandeja para hornear a la piedra para hornear precalentada o a la bandeja para hornear en el horno.

j) Hornee durante unos 30-35 minutos o hasta que el pan esté dorado y suene hueco al golpearlo en la parte inferior.

k) Retirar del horno y dejar enfriar sobre una rejilla antes de cortar y servir.

10. Pao De Batata

INGREDIENTES:
- 2 patatas medianas, peladas y cortadas en cubitos
- 1 taza de agua tibia
- 2 cucharadas de aceite de oliva
- 1 cucharada de levadura instantánea
- 2 cucharaditas de sal
- 4 tazas de harina para pan

INSTRUCCIONES:
a) Coloca las patatas en cubos en una cacerola y cúbrelas con agua. Hervir hasta que las patatas estén tiernas.
b) Escurrir las patatas cocidas y triturarlas hasta que quede suave. Déjalo enfriar un poco.
c) En un tazón grande, combine el agua tibia, el aceite de oliva, la levadura instantánea y la sal. Mezclar bien.
d) Agrega el puré de papas a la mezcla y revuelve hasta que esté bien combinado.
e) Agrega poco a poco la harina para pan, mezclando bien hasta que se forme una masa suave.
f) Transfiera la masa a una superficie enharinada y amase durante unos 10 minutos o hasta que quede suave y elástica.
g) Vuelve a colocar la masa en el bol, cúbrela con un paño y déjala reposar en un lugar cálido durante 1-2 horas o hasta que doble su tamaño.
h) Precalienta el horno a 375°F (190°C) y engrasa un molde para pan.
i) Golpea la masa y dale forma de pan. Colóquelo en el molde para pan engrasado.
j) Tapar el molde con un paño y dejar reposar la masa otros 30 minutos.
k) Hornee durante aproximadamente 30-35 minutos o hasta que el pan esté dorado y suene hueco al golpearlo en la parte inferior.
l) Retirar del horno y dejar enfriar sobre una rejilla antes de cortar y servir.

11.Pão De Mealhada

INGREDIENTES:
- 4 tazas de harina para pan
- 1 paquete (2 ¼ cucharaditas) de levadura seca activa
- 1 cucharadita de azúcar
- 1 cucharadita de sal
- 2 tazas de agua tibia

INSTRUCCIONES:
a) En un tazón pequeño, disuelva la levadura y el azúcar en agua tibia. Déjalo reposar durante 5 minutos hasta que esté espumoso.
b) En un tazón grande, combine la harina para pan y la sal.
c) Vierta la mezcla de levadura en la mezcla de harina y mezcle bien para formar una masa pegajosa.
d) Transfiera la masa a una superficie ligeramente enharinada y amase durante unos 10 minutos hasta que quede suave y elástica. Es posible que tengas que añadir un poco más de harina si la masa queda demasiado pegajosa.
e) Coloca la masa en un recipiente engrasado, cúbrela con un paño de cocina limpio y déjala reposar en un lugar cálido durante aproximadamente 1 hora o hasta que doble su tamaño.
f) Precalienta el horno a 450°F (230°C).
g) Golpea la masa y dale forma de pan redondo.
h) Coloque el pan en una bandeja para hornear forrada con papel pergamino.
i) Con un cuchillo afilado, haga varios cortes superficiales en la parte superior del pan.
j) Deja reposar la masa por 15 minutos más.
k) Hornee el pan en el horno precalentado durante unos 20-25 minutos o hasta que la corteza esté dorada y el pan suene hueco al golpearlo en el fondo.
l) Saca el pan del horno y déjalo enfriar sobre una rejilla antes de cortarlo.

12.Pan De Alfarroba

INGREDIENTES:
- 4 tazas de harina para pan
- 1 paquete (2 ¼ cucharaditas) de levadura seca activa
- 1 cucharadita de azúcar
- 1 cucharadita de sal
- 2 cucharadas de algarroba en polvo
- 2 cucharadas de aceite de oliva
- 1 ½ tazas de agua tibia

INSTRUCCIONES:

a)   En un tazón pequeño, disuelva la levadura y el azúcar en agua tibia. Déjalo reposar durante 5 minutos hasta que esté espumoso.

b)   En un tazón grande, combine la harina de pan, la sal y la algarroba en polvo.

c)   Vierta la mezcla de levadura y el aceite de oliva en la mezcla de harina y mezcle bien para formar una masa pegajosa.

d)   Transfiera la masa a una superficie ligeramente enharinada y amase durante unos 10 minutos hasta que quede suave y elástica. Es posible que tengas que añadir un poco más de harina si la masa queda demasiado pegajosa.

e)   Coloca la masa en un recipiente engrasado, cúbrela con un paño de cocina limpio y déjala reposar en un lugar cálido durante aproximadamente 1 hora o hasta que doble su tamaño.

f)   Precalienta el horno a 400°F (200°C).

g)   Golpea la masa y dale forma de pan redondo o la forma deseada.

h)   Coloque el pan en una bandeja para hornear forrada con papel pergamino.

i)   Deja reposar la masa por 15 minutos más.

j)   Hornee el pan en el horno precalentado durante unos 25-30 minutos o hasta que la corteza esté dorada y el pan suene hueco al golpearlo en el fondo.

k)   Saca el pan del horno y déjalo enfriar sobre una rejilla antes de cortarlo.

13. Pan De Río Mayor

INGREDIENTES:
- 4 tazas de harina para pan
- 1 paquete (2 ¼ cucharaditas) de levadura seca activa
- 1 cucharadita de azúcar
- 1 cucharadita de sal
- 2 tazas de agua tibia

INSTRUCCIONES:
a) En un tazón pequeño, disuelva la levadura y el azúcar en agua tibia. Déjalo reposar durante 5 minutos hasta que esté espumoso.
b) En un tazón grande, combine la harina para pan y la sal.
c) Vierta la mezcla de levadura en la mezcla de harina y mezcle bien para formar una masa pegajosa.
d) Transfiera la masa a una superficie ligeramente enharinada y amase durante unos 10 minutos hasta que quede suave y elástica. Es posible que tengas que añadir un poco más de harina si la masa queda demasiado pegajosa.
e) Coloca la masa en un recipiente engrasado, cúbrela con un paño de cocina limpio y déjala reposar en un lugar cálido durante aproximadamente 1 hora o hasta que doble su tamaño.
f) Precalienta el horno a 450°F (230°C).
g) Golpea la masa y dale forma de pan redondo u ovalado.
h) Coloque el pan en una bandeja para hornear forrada con papel pergamino.
i) Deja reposar la masa por 15 minutos más.
j) Marque la parte superior del pan con un cuchillo afilado, haciendo cortes poco profundos.
k) Hornee el pan en el horno precalentado durante unos 20-25 minutos o hasta que la corteza esté dorada y el pan suene hueco al golpearlo en el fondo.
l) Saca el pan del horno y déjalo enfriar sobre una rejilla antes de cortarlo.
m) ¡Disfruta de tu Pão de Rio Maior casero como un delicioso complemento a tus comidas o como un sabroso refrigerio!

14. Pão De Centeio

INGREDIENTES:
- 2 tazas de harina de centeno
- 2 tazas de harina para pan
- 1 paquete (2 ¼ cucharaditas) de levadura seca activa
- 1 cucharadita de azúcar
- 1 cucharadita de sal
- 1 ½ tazas de agua tibia

INSTRUCCIONES:
a) En un tazón pequeño, disuelva la levadura y el azúcar en agua tibia. Déjalo reposar durante 5 minutos hasta que esté espumoso.
b) En un tazón grande, combine la harina de centeno, la harina para pan y la sal.
c) Vierta la mezcla de levadura en la mezcla de harina y mezcle bien para formar una masa pegajosa.
d) Transfiera la masa a una superficie ligeramente enharinada y amase durante unos 10 minutos hasta que quede suave y elástica. Es posible que tengas que añadir un poco más de harina si la masa queda demasiado pegajosa.
e) Coloca la masa en un recipiente engrasado, cúbrela con un paño de cocina limpio y déjala reposar en un lugar cálido durante aproximadamente 1 hora o hasta que doble su tamaño.
f) Precalienta el horno a 400°F (200°C).
g) Golpea la masa y dale forma de pan redondo u ovalado.
h) Coloque el pan en una bandeja para hornear forrada con papel pergamino.
i) Deja reposar la masa por 15 minutos más.
j) Marque la parte superior del pan con un cuchillo afilado, haciendo cortes poco profundos.
k) Hornee el pan en el horno precalentado durante unos 40-45 minutos o hasta que la corteza esté dorada y el pan suene hueco al golpearlo en el fondo.
l) Saca el pan del horno y déjalo enfriar sobre una rejilla antes de cortarlo.

15. Regueifa

INGREDIENTES:
- 4 tazas de harina para pan
- 2 ¼ cucharaditas de levadura seca activa
- 1 cucharadita de azúcar
- 1 cucharadita de sal
- 2 cucharadas de aceite de oliva
- 1 ½ tazas de agua tibia
- Azúcar gruesa o semillas de sésamo, para cubrir (opcional)

INSTRUCCIONES:
a) En un tazón pequeño, disuelva la levadura y el azúcar en agua tibia. Déjalo reposar durante 5 minutos hasta que esté espumoso.
b) En un tazón grande, combine la harina para pan y la sal.
c) Vierta la mezcla de levadura y el aceite de oliva en la mezcla de harina y mezcle bien para formar una masa pegajosa.
d) Transfiera la masa a una superficie ligeramente enharinada y amase durante unos 10 minutos hasta que quede suave y elástica. Es posible que tengas que añadir un poco más de harina si la masa queda demasiado pegajosa.
e) Coloca la masa en un recipiente engrasado, cúbrela con un paño de cocina limpio y déjala reposar en un lugar cálido durante aproximadamente 1 hora o hasta que doble su tamaño.
f) Precalienta el horno a 400°F (200°C).
g) Golpea la masa y divídela en dos porciones iguales.
h) Tome una porción de la masa y forme una hogaza larga y redonda enrollándola sobre una superficie ligeramente enharinada. Repita con la otra porción de la masa.
i) Coloque los panes con forma en una bandeja para hornear forrada con papel pergamino, dejando algo de espacio entre ellos.
j) Cubre los panes con un paño de cocina limpio y déjalos reposar durante otros 30-45 minutos hasta que hayan duplicado su tamaño.
k) Espolvorea azúcar gruesa o semillas de sésamo encima para darle más sabor y decoración.
l) Hornee los panes en el horno precalentado durante unos 20-25 minutos o hasta que estén dorados y suenen huecos al golpearlos en el fondo.
m) Retire los panes del horno y déjelos enfriar sobre una rejilla antes de cortarlos.

PAN ESPAÑOL

16. Pan Con Tomate

INGREDIENTES:
- 1 diente de ajo (machacado)
- 1 cucharada de sal
- 4 tomates medianos (rallados para quitarles la piel y las semillas)
- 1 cucharada de aceite de oliva
- 1 barra de pan de molde (sin levadura o integral)

INSTRUCCIONES:
a) Tuesta rebanadas de pan a 250 °F hasta que cada rebanada esté dorada por ambos lados.
b) Vierta el aceite de oliva en un bol. Agrega sal al tazón. Revuelva bien.
c) Unte el jugo de ajo machacado sobre el pan tostado.
d) Unte la mezcla de tomate rallado sobre el pan.
e) Unte también la mezcla de aceite y sal sobre el pan.
f) Servir inmediatamente

17.Pan Rústico

INGREDIENTES:
- 2 ¾ tazas de agua
- 5 cucharaditas de levadura seca activa
- 7 tazas de harina para pan
- 1 cucharada de sal
- ¼ de taza de aceite de oliva, preferiblemente extra virgen
- Harina de maíz para espolvorear una bandeja para hornear

INSTRUCCIONES:

a) Espolvoree la levadura sobre agua ligeramente tibia (95 grados) en un tazón pequeño o taza medidora. Revuelva ligeramente. Deje reposar durante 10 minutos.

b) Mida la harina y colóquela en el tazón de una batidora de cocina con un gancho para masa adjunto. Si lo hace a mano, coloque la harina en un tazón grande para mezclar.

c) Enciende la batidora, agrega sal a la harina y deja que se mezcle. Rocíe lentamente el aceite de oliva sobre la harina mientras la batidora está en marcha. Si lo haces a mano, utiliza un batidor.

d) Rocíe lentamente con la mezcla de levadura y agua. Dejar amasar la masa en máquina durante 4 minutos.

e) Si la haces a mano, combina la harina con la mezcla de levadura y agua con una cuchara de madera, luego coloca la masa sobre una superficie enharinada y amasa durante 5 minutos.

f) Después de amasar, debe obtener una masa suave y elástica que rebote ligeramente cuando se presiona con el dedo. Comprueba la textura de la masa durante el proceso de amasado. Si la masa está pegajosa, agregue hasta ½ taza de harina adicional.

g) Cubre la masa en el recipiente con papel encerado rociado con aceite en aerosol y luego con un paño de cocina. Deje reposar durante 1 hora o hasta que doble.

h) Amasar la masa cocida a mano sobre una superficie enharinada durante aproximadamente un minuto para eliminar el aire. Forme 2 bolas del mismo tamaño con la masa y colóquelas en una bandeja para hornear de 15 pulgadas que haya sido espolvoreada generosamente con harina de maíz.

i) Cubre los panes nuevamente con papel encerado y un paño de cocina, y déjalos reposar por segunda vez durante 20-25 minutos o hasta que doblen. Mientras tanto, precalienta el horno a 425 grados.

j) Hornea los panes durante 23-25 minutos o hasta que se doren. Hornee 5 minutos más para obtener una corteza más crujiente.

18. Pan De Payés

INGREDIENTES:
- 4 tazas de harina para pan
- 1 ½ cucharaditas de sal
- 2 cucharaditas de levadura seca activa
- 2 tazas de agua tibia

INSTRUCCIONES:

a) En un tazón grande, combine la harina para pan y la sal.

b) En un recipiente pequeño aparte, disuelva la levadura en agua tibia y déjela reposar durante unos minutos hasta que esté espumosa.

c) Vierta la mezcla de levadura en la mezcla de harina y mezcle hasta que se forme una masa peluda.

d) Transfiera la masa a una superficie ligeramente enharinada y amase durante unos 10 minutos, o hasta que la masa se vuelva suave y elástica.

e) Vuelva a colocar la masa en el tazón, cúbrala con un paño de cocina limpio o una envoltura de plástico y déjela reposar en un lugar cálido durante aproximadamente 1 a 2 horas, o hasta que duplique su tamaño.

f) Una vez que la masa haya subido, golpéala suavemente para liberar las burbujas de aire. Dale forma de pan redondo u ovalado a la masa.

g) Coloque la masa moldeada en una bandeja para hornear forrada con papel pergamino o en una fuente para hornear engrasada. Cúbrelo con un paño de cocina y déjalo reposar nuevamente durante aproximadamente 1 hora, o hasta que haya aumentado ligeramente de tamaño.

h) Precalienta el horno a 450°F (230°C).

i) Justo antes de hornear, espolvoree ligeramente la parte superior de la masa con harina y haga algunos cortes en la superficie con un cuchillo afilado.

j) Hornee el pan en el horno precalentado durante unos 25 a 30 minutos, o hasta que la corteza esté dorada y el pan suene hueco al golpearlo en el fondo.

k) Retire el pan del horno y déjelo enfriar sobre una rejilla antes de cortarlo y servirlo.

19.Pan Gallego

INGREDIENTES:
PARA LA CONSTRUCCIÓN DE LEVAIN
- 3½ cucharaditas de entrante maduro
- 3½ cucharaditas de harina para pan
- 1¾ cucharaditas de harina integral
- 1¾ cucharaditas de harina integral de centeno
- 6 cucharadas + 2 cucharaditas de agua tibia (100 grados F)

MASA FINAL
- 3¼ tazas de harina para pan
- 4½ cucharadas de harina integral de centeno
- 1¾ tazas de agua, temperatura ambiente
- 7 cucharadas + 1 cucharadita de levadura
- 2 cucharaditas de sal

INSTRUCCIONES:
PARA HACER LA CONSTRUCCIÓN DE LEVAIN
a) Combine los ingredientes de la levadura en un tazón mediano. Remueve, cubre con film transparente y deja reposar a temperatura ambiente durante cuatro horas.

b) Úselo inmediatamente o coloque el levain en el refrigerador por hasta 12 horas para usarlo al día siguiente.

PARA HACER LA MASA FINAL
c) Mezclar las harinas y 325 gramos de agua. Agrega 50 gramos más de agua y mezcla, tapa y deja reposar durante 45 minutos.

d) Agregue la levadura y 25 gramos más de agua y revuelva para combinar. Tapar y dejar reposar durante 1 hora.

e) Agrega la sal y 25 gramos de agua a la masa y usa los dedos para pellizcar y exprimir la sal en la masa para que se disuelva.

f) Una vez que la sal se haya disuelto, estirar y doblar la masa varias veces. Tapar y dejar reposar durante 30 minutos.

g) Estirar y doblar la masa nuevamente. Cubra y deje crecer durante cuatro horas.

h) Forma una bola con la masa y déjala reposar durante 15 minutos. Apriete el pan y colóquelo en un banneton forrado con una toalla, con la costura hacia arriba y cúbralo con una envoltura de plástico engrasada.

i) Deja fermentar el pan a temperatura ambiente durante 2 a 3 horas.
j) Mueva el pan al refrigerador y déjelo reposar durante 8 a 10 horas más.
k) Saca el pan del frigorífico.
l) Deje que el pan alcance la temperatura ambiente, aproximadamente 2 horas.
m) Calienta el horno a 475 grados F con una olla holandesa en la rejilla del medio.
n) Coloque la masa sobre un trozo de papel pergamino, con la costura hacia abajo. Agarra la parte superior de la masa con la mano y tira hacia arriba lo más que puedas. Gírelo y forme un nudo. Deja que vuelva a asentarse sobre la parte superior de la masa.
o) Con un cuchillo afilado, corte suavemente cuatro ranuras perpendiculares espaciadas uniformemente en la masa para darle espacio para expandirse.
p) Levante la masa con el papel pergamino en la olla precalentada, cubra y coloque el pan en el horno. Hornee por 15 minutos. Reduzca el horno a 425 grados F.
q) Retire la tapa y termine de hornear durante 15 a 20 minutos más, hasta que el pan alcance una temperatura interna de 205 grados F.
r) Dejar enfriar completamente sobre una rejilla.

20. pancubano o

INGREDIENTES:
- 3 paquetes de harina de maíz con levadura seca activa
- 4 cucharaditas de azúcar moreno
- 2 tazas de agua
- ¾ taza de agua caliente
- 5 -6 tazas de harina para pan, cantidad dividida
- 1 cucharadas de sal

INSTRUCCIONES:

a) Consigue un tazón para mezclar: agrega la levadura, el azúcar moreno y el agua tibia. Déjalo reposar durante 11 min.

b) Agrega la sal con 3 a 4 tazas de harina. Combínalos hasta obtener una masa suave.

c) Coloca la masa sobre una superficie enharinada. Amasar de 9 a 11 min.

d) Engrasa un bol y coloca en él la masa. Cúbrelo con una envoltura de plástico. Dejar reposar 46 min por 1 h.

e) Una vez transcurrido el tiempo, amasa la masa durante 2 min. Dale forma de 2 hogazas de pan.

f) Espolvorea un poco de harina de maíz en una bandeja para hornear. Coloca en él las hogazas de pan y cúbrelas con un paño de cocina.

g) Déjalos reposar durante 11 min. Utilice un cortador de pizza y un cuchillo para hacer dos cortes en la parte superior de cada barra de pan.

h) Antes de hacer cualquier cosa, precalienta el horno a 400 F.

i) Coloca el molde para pan en el horno. Déjalos cocinar de 32 a 36 min hasta que se doren.

j) Deje que las hogazas de pan se enfríen por completo. Sírvelos con lo que desees.

k) Disfrutar.

21. Pan De Alfacar

INGREDIENTES:
- 4 tazas de harina para todo uso
- ½ taza de azúcar granulada
- 2 cucharadas de levadura fresca
- 1 taza de agua tibia
- ½ taza de aceite de oliva
- 1 cucharadita de sal
- Ralladura de 1 limón
- Azúcar en polvo, para espolvorear

INSTRUCCIONES:

a) En un tazón pequeño, disuelva la levadura en agua tibia y déjela reposar durante unos 5 minutos hasta que esté espumosa.

b) En un tazón grande, combine la harina, el azúcar, la sal y la ralladura de limón. Haga un hueco en el centro y vierta la mezcla de levadura y el aceite de oliva.

c) Mezclar los ingredientes hasta que se forme una masa. Puedes usar una cuchara de madera o tus manos para amasar la masa. Si la masa se siente demasiado seca, agregue un poco de agua tibia, una cucharada a la vez, hasta que se una.

d) Transfiera la masa a una superficie limpia y ligeramente enharinada y amase durante unos 10 minutos hasta que quede suave y elástica.

e) Coloca la masa en un bol engrasado y cúbrela con un paño de cocina limpio o film transparente. Deje que la masa crezca en un lugar cálido durante aproximadamente 1 a 2 horas hasta que duplique su tamaño.

f) Precalienta tu horno a 180°C (350°F). Engrase una bandeja para hornear o cúbrala con papel pergamino.

g) Una vez que la masa haya subido, golpéala hacia abajo para liberar las burbujas de aire. Transfiera la masa a la bandeja para hornear preparada y déle forma de pan redondo.

h) Cubre el pan con un paño de cocina y déjalo reposar durante otros 30 minutos.

i) Hornea el Pan de Alfacar en el horno precalentado durante unos 30 a 35 minutos o hasta que se dore y suene hueco al golpearlo en el fondo.

j) Saca el pan del horno y déjalo enfriar sobre una rejilla.

k) Una vez que el Pan de Alfacar se haya enfriado, espolvoréalo generosamente con azúcar glass antes de servir.

22.pan cateto

INGREDIENTES:
- 4 tazas de harina integral
- 2 cucharaditas de sal
- 1 ¼ tazas de agua
- 1 cucharada de levadura fresca

INSTRUCCIONES:

a) En un tazón grande, combine la harina integral y la sal.

b) En un recipiente pequeño aparte, disuelva la levadura en agua tibia y déjela reposar durante unos 5 minutos hasta que se vuelva espumosa.

c) Haga un hueco en el centro de la mezcla de harina y vierta la mezcla de levadura.

d) Mezcle los ingredientes hasta que se forme una masa rugosa.

e) Transfiera la masa a una superficie limpia y ligeramente enharinada y amase durante unos 10 minutos hasta que quede suave y elástica. Es posible que tengas que añadir más harina si la masa queda demasiado pegajosa.

f) Coloca la masa en un bol engrasado y cúbrela con un paño de cocina limpio o film transparente. Deje que la masa crezca en un lugar cálido durante aproximadamente 1 a 2 horas hasta que duplique su tamaño.

g) Precalienta tu horno a 220°C (425°F). Si tienes una piedra para hornear o una bandeja para hornear, colócala en el horno para precalentar también.

h) Una vez que la masa haya subido, golpéala hacia abajo para liberar las burbujas de aire. Forme una hogaza redonda u ovalada con la masa y colóquela en una bandeja para hornear forrada con papel pergamino o sobre la piedra para hornear precalentada.

i) Corta la parte superior de la masa con un cuchillo afilado para crear patrones decorativos o para ayudar a que el pan se expanda mientras se hornea.

j) Hornee la sartén cateto en el horno precalentado durante aproximadamente 30 a 40 minutos o hasta que forme una costra dorada y suene hueco cuando se golpea en el fondo.

k) Retire el pan del horno y déjelo enfriar sobre una rejilla antes de cortarlo y servirlo.

23.pan de cruz

INGREDIENTES:
- 4 tazas de harina para pan
- 2 cucharaditas de sal
- 2 cucharaditas de azúcar granulada
- 2 ¼ cucharaditas de levadura seca activa
- 1 ⅓ tazas de agua tibia
- Aceite de oliva, para engrasar
- Opcional: semillas de sésamo o sal gruesa para espolvorear

INSTRUCCIONES:

a) En un bol pequeño, disuelva el azúcar y la levadura en agua tibia. Déjelo reposar durante unos 5 minutos hasta que esté espumoso.

b) En un tazón grande, combine la harina para pan y la sal. Haga un hueco en el centro y vierta la mezcla de levadura.

c) Mezclar los ingredientes hasta que se forme una masa. Transfiera la masa a una superficie limpia y ligeramente enharinada y amase durante unos 10 minutos hasta que quede suave y elástica. Agregue más harina si es necesario para evitar que se pegue.

d) Coloca la masa en un bol engrasado y cúbrela con un paño de cocina limpio o film transparente. Deje que la masa crezca en un lugar cálido durante aproximadamente 1 a 2 horas hasta que duplique su tamaño.

e) Precalienta tu horno a 220°C (425°F). Si tienes una piedra para hornear o una bandeja para hornear, colócala en el horno para precalentar también.

f) Una vez que la masa haya subido, golpéala hacia abajo para liberar las burbujas de aire. Transfiera la masa a una superficie ligeramente enharinada y déle forma de pan redondo u ovalado.

g) Use un cuchillo afilado o un raspador de masa para hacer dos cortes profundos que se crucen en la parte superior del pan para formar una cruz.

h) Opcional: espolvoree semillas de sésamo o sal gruesa sobre la parte superior del pan para darle más sabor y decoración.

i) Transfiera el pan con forma a la piedra para hornear o bandeja para hornear precalentada.

j) Hornee el pan de cruz en el horno precalentado durante unos 25 a 30 minutos o hasta que forme una costra dorada y suene hueco al golpearlo en el fondo.

k) Retire el pan del horno y déjelo enfriar sobre una rejilla antes de cortarlo y servirlo.

24.pataqueta

INGREDIENTES:
- 4 tazas de harina para pan
- 2 cucharaditas de sal
- 2 cucharaditas de azúcar granulada
- 2 ¼ cucharaditas de levadura seca activa
- 1 ⅓ tazas de agua tibia
- Aceite de oliva, para engrasar
- Opcional: semillas de sésamo o sal gruesa para espolvorear

INSTRUCCIONES:
a) En un bol pequeño, disuelva el azúcar y la levadura en agua tibia. Déjelo reposar durante unos 5 minutos hasta que esté espumoso.
b) En un tazón grande, combine la harina para pan y la sal. Haga un hueco en el centro y vierta la mezcla de levadura.
c) Mezclar los ingredientes hasta que se forme una masa. Transfiera la masa a una superficie limpia y ligeramente enharinada y amase durante unos 10 minutos hasta que quede suave y elástica. Agregue más harina si es necesario para evitar que se pegue.
d) Coloca la masa en un bol engrasado y cúbrela con un paño de cocina limpio o film transparente. Deje que la masa crezca en un lugar cálido durante aproximadamente 1 a 2 horas hasta que duplique su tamaño.
e) Precalienta tu horno a 220°C (425°F). Si tienes una piedra para hornear o una bandeja para hornear, colócala en el horno para precalentar también.
f) Una vez que la masa haya subido, golpéala hacia abajo para liberar las burbujas de aire. Divida la masa en porciones más pequeñas, del tamaño de una pelota de tenis.
g) Dale forma redonda u ovalada a cada porción de masa y colócalas en una bandeja para hornear forrada con papel pergamino.
h) Opcional: Unte la parte superior de las pataquetas con agua y espolvoree semillas de sésamo o sal gruesa para darle más sabor y decoración.
i) Deje que los panecillos formados crezcan durante 15 a 20 minutos más.
j) Hornea las pataquetas en el horno precalentado durante unos 15 a 20 minutos o hasta que se doren.
k) Retira los panecillos del horno y déjalos enfriar un poco antes de servir.

25. Telera

INGREDIENTES:
- 4 tazas de harina para pan
- 2 cucharaditas de sal
- 2 cucharaditas de azúcar granulada
- 2 ¼ cucharaditas de levadura seca activa
- 1 ⅓ tazas de agua tibia
- 2 cucharadas de aceite vegetal
- Opcional: harina de maíz o sémola para espolvorear

INSTRUCCIONES:

a) En un bol pequeño, disuelva el azúcar y la levadura en agua tibia. Déjelo reposar durante unos 5 minutos hasta que esté espumoso.

b) En un tazón grande, combine la harina para pan y la sal. Haga un hueco en el centro y vierta la mezcla de levadura y el aceite vegetal.

c) Mezclar los ingredientes hasta que se forme una masa. Transfiera la masa a una superficie limpia y ligeramente enharinada y amase durante unos 10 minutos hasta que quede suave y elástica. Agregue más harina si es necesario para evitar que se pegue.

d) Coloca la masa en un bol engrasado y cúbrela con un paño de cocina limpio o film transparente. Deje que la masa crezca en un lugar cálido durante aproximadamente 1 a 2 horas hasta que duplique su tamaño.

e) Precalienta tu horno a 220°C (425°F). Si tienes una piedra para hornear o una bandeja para hornear, colócala en el horno para precalentar también.

f) Una vez que la masa haya subido, golpéala hacia abajo para liberar las burbujas de aire. Transfiera la masa a una superficie ligeramente enharinada y forme una hogaza oblonga u ovalada.

g) Coloque la masa moldeada en una bandeja para hornear forrada con papel pergamino. Si lo desea, espolvoree un poco de harina de maíz o sémola sobre el papel pergamino para evitar que se pegue y agregar una textura rústica a la corteza.

h) Cubra la masa moldeada con un paño de cocina limpio y déjela reposar durante 15 a 20 minutos más.

i) Hornea el pan telera en el horno precalentado durante unos 15 a 20 minutos o hasta que se dore y suene hueco al golpearlo en la parte inferior.

j) Retire el pan del horno y déjelo enfriar sobre una rejilla antes de cortarlo y usarlo para sándwiches.

26.Llonguet

INGREDIENTES:
- 4 tazas de harina para pan
- 2 cucharaditas de sal
- 2 cucharaditas de azúcar granulada
- 2 ¼ cucharaditas de levadura seca activa
- 1 ⅓ tazas de agua tibia
- 2 cucharadas de aceite de oliva
- Opcional: semillas de sésamo o sal gruesa para cubrir

INSTRUCCIONES:

a) En un bol pequeño, disuelva el azúcar y la levadura en agua tibia. Déjelo reposar durante unos 5 minutos hasta que esté espumoso.

b) En un tazón grande, combine la harina para pan y la sal. Haga un hueco en el centro y vierta la mezcla de levadura y el aceite de oliva.

c) Mezclar los ingredientes hasta que se forme una masa. Transfiera la masa a una superficie limpia y ligeramente enharinada y amase durante unos 10 minutos hasta que quede suave y elástica. Agregue más harina si es necesario para evitar que se pegue.

d) Coloca la masa en un bol engrasado y cúbrela con un paño de cocina limpio o film transparente. Deje que la masa crezca en un lugar cálido durante aproximadamente 1 a 2 horas hasta que duplique su tamaño.

e) Precalienta tu horno a 220°C (425°F). Si tienes una piedra para hornear o una bandeja para hornear, colócala en el horno para precalentar también.

f) Una vez que la masa haya subido, golpéala hacia abajo para liberar las burbujas de aire. Transfiera la masa a una superficie ligeramente enharinada y divídala en porciones más pequeñas, del tamaño de una pelota de tenis.

g) Dale a cada porción de masa una forma oblonga u ovalada, asemejándose a una pequeña baguette. Coloque los llonguets con forma en una bandeja para hornear forrada con papel pergamino, dejando algo de espacio entre ellos.

h) Opcional: unte la parte superior de los llonguets con agua y espolvoree semillas de sésamo o sal gruesa encima para darle más sabor y decoración.

i) Deje reposar los llonguets formados durante 15 a 20 minutos más.

j) Hornea los llonguets en el horno precalentado durante unos 15 a 20 minutos o hasta que se doren y tengan una corteza ligeramente crujiente.

k) Saca los llonguets del horno y déjalos enfriar sobre una rejilla antes de utilizarlos para hacer sándwiches o disfrutarlos solos.

27.oroña

INGREDIENTES:
- 4 tazas de harina para pan
- 2 cucharaditas de sal
- 2 cucharaditas de azúcar granulada
- 2 ¼ cucharaditas de levadura seca activa
- 1 ⅓ tazas de agua tibia
- 2 cucharadas de aceite de oliva
- Harina de maíz o sémola para espolvorear

INSTRUCCIONES:

a) En un bol pequeño, disuelva el azúcar y la levadura en agua tibia. Déjelo reposar durante unos 5 minutos hasta que esté espumoso.

b) En un tazón grande, combine la harina para pan y la sal. Haga un hueco en el centro y vierta la mezcla de levadura y el aceite de oliva.

c) Mezclar los ingredientes hasta que se forme una masa. Transfiera la masa a una superficie limpia y ligeramente enharinada y amase durante unos 10 minutos hasta que quede suave y elástica. Agregue más harina si es necesario para evitar que se pegue.

d) Coloca la masa en un bol engrasado y cúbrela con un paño de cocina limpio o film transparente. Deje que la masa crezca en un lugar cálido durante aproximadamente 1 a 2 horas hasta que duplique su tamaño.

e) Precalienta tu horno a 220°C (425°F). Si tienes una piedra para hornear o una bandeja para hornear, colócala en el horno para precalentar también.

f) Una vez que la masa haya subido, golpéala hacia abajo para liberar las burbujas de aire. Transfiera la masa a una superficie ligeramente enharinada y déle forma de pan redondo u ovalado.

g) Coloque la masa moldeada en una bandeja para hornear forrada con papel pergamino. Espolvoree la parte superior del pan con harina de maíz o sémola.

h) Cubre la masa con un paño de cocina limpio y déjala reposar durante 15 a 20 minutos más.

i) Con un cuchillo afilado, haga cortes o cortes en la parte superior del pan para crear un patrón decorativo.

j) Hornea el pan boroña en el horno precalentado durante unos 30 a 35 minutos o hasta que esté dorado y tenga una corteza firme.

k) Retire el pan del horno y déjelo enfriar sobre una rejilla antes de cortarlo y servirlo.

28.pistola

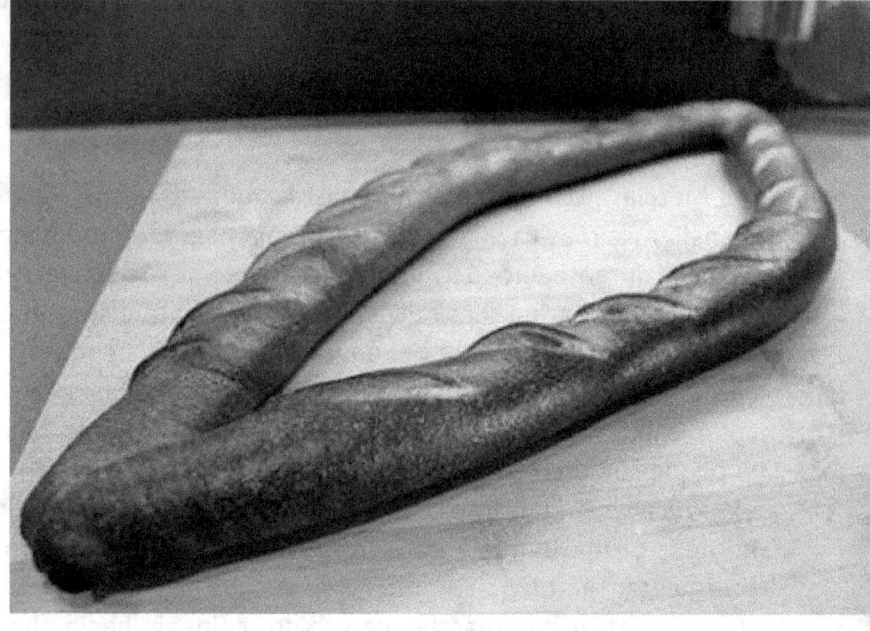

INGREDIENTES:
- 4 tazas de harina para pan
- 2 cucharaditas de sal
- 2 cucharaditas de azúcar granulada
- 2 ¼ cucharaditas de levadura seca activa
- 1 ⅓ tazas de agua tibia
- Aceite de oliva, para engrasar
- Opcional: semillas de sésamo o semillas de amapola para cubrir

INSTRUCCIONES:

a) En un bol pequeño, disuelva el azúcar y la levadura en agua tibia. Déjelo reposar durante unos 5 minutos hasta que esté espumoso.

b) En un tazón grande, combine la harina para pan y la sal. Haga un hueco en el centro y vierta la mezcla de levadura.

c) Mezclar los ingredientes hasta que se forme una masa. Transfiera la masa a una superficie limpia y ligeramente enharinada y amase durante unos 10 minutos hasta que quede suave y elástica. Agregue más harina si es necesario para evitar que se pegue.

d) Coloca la masa en un bol engrasado y cúbrela con un paño de cocina limpio o film transparente. Deje que la masa crezca en un lugar cálido durante aproximadamente 1 a 2 horas hasta que duplique su tamaño.

e) Precalienta tu horno a 220°C (425°F). Si tienes una piedra para hornear o una bandeja para hornear, colócala en el horno para precalentar también.

f) Una vez que la masa haya subido, golpéala hacia abajo para liberar las burbujas de aire. Transfiera la masa a una superficie ligeramente enharinada y divídala en porciones más pequeñas, del tamaño de un panecillo grande.

g) Forme cada porción de masa en un rollo alargado, que se asemeje a una mini baguette o a una pistola. Coloque los rollos de pistola con forma en una bandeja para hornear forrada con papel pergamino.

h) Opcional: unte la parte superior de los rollos de pistola con agua y espolvoree semillas de sésamo o amapola encima para darle más sabor y decoración.

i) Deje que los panecillos formados crezcan durante 15 a 20 minutos más.

j) Hornea los rollitos de pistola en el horno precalentado durante unos 15 a 20 minutos o hasta que se doren y tengan una corteza ligeramente crujiente.

k) Retira los panecillos del horno y déjalos enfriar sobre una rejilla antes de servir.

29. Regañao

INGREDIENTES:
- 2 tazas de harina para todo uso
- 1 cucharadita de sal
- 1 cucharadita de pimentón (opcional, para darle sabor)
- ½ taza de agua tibia
- 2 cucharadas de aceite de oliva
- Sal gruesa para espolvorear

ADICIÓN
- Lonchas de jamón serrano (Opcional)

INSTRUCCIONES:

a) En un tazón, combine la harina, la sal y el pimentón (si se usa). Mezclar bien para distribuir uniformemente los ingredientes.

b) Haga un hueco en el centro de los ingredientes secos y vierta el agua tibia y el aceite de oliva.

c) Revuelve la mezcla con una cuchara o con las manos hasta que se una para formar una masa.

d) Transfiera la masa a una superficie limpia y ligeramente enharinada y amase durante unos 5 minutos hasta que quede suave y elástica.

e) Divide la masa en porciones más pequeñas y cúbrelas con un paño de cocina limpio. Deja reposar la masa unos 15-20 minutos para relajar el gluten.

f) Precalienta tu horno a 200°C (400°F).

g) Tome una porción de la masa y extiéndala lo más finamente posible, buscando un grosor de aproximadamente 1-2 milímetros. Puedes usar un rodillo o tus manos para aplanar la masa.

h) Transfiera la masa extendida a una bandeja para hornear forrada con papel pergamino. Repite el proceso con las porciones de masa restantes, colocándolas en bandejas para hornear separadas o dejando suficiente espacio entre cada pan regañao.

i) Espolvorea sal gruesa sobre la superficie de la masa, presionándola ligeramente para asegurar que se pegue.

j) Hornea el pan de regañao en el horno precalentado durante unos 8-10 minutos o hasta que esté dorado y crujiente. Vigílelo de cerca, ya que puede dorarse demasiado rápidamente.

k) Retira las bandejas del horno y deja que el pan regañao se enfríe completamente sobre rejillas.

l) Una vez enfriado, el pan regañao está listo para disfrutarlo, cubierto con jamón.

30.Torta De Aranda

INGREDIENTES:
- 4 tazas de harina para pan
- 300 mililitros de agua tibia
- 10 gramos de sal
- 10 gramos de levadura fresca (o 5 gramos de levadura seca activa)
- Aceite de oliva para engrasar

INSTRUCCIONES:
a) En un tazón grande, combine la harina para pan y la sal.
b) Disuelva la levadura fresca en agua tibia. Si usa levadura seca activa, disuélvala en una porción de agua tibia y déjela activarse durante unos 5 a 10 minutos antes de continuar.
c) Haga un hueco en el centro de la mezcla de harina y vierta la mezcla de levadura. Incorpora poco a poco la harina al líquido, removiendo con una cuchara de madera o con las manos hasta que se forme una masa rugosa.
d) Transfiera la masa a una superficie ligeramente enharinada y amase durante unos 10 a 15 minutos, o hasta que quede suave y elástica. Agrega pequeñas cantidades de harina si la masa está demasiado pegajosa.
e) Forme una bola redonda con la masa y colóquela nuevamente en el tazón. Cubre el recipiente con un paño de cocina limpio y deja que la masa crezca en un lugar cálido durante aproximadamente 1 a 2 horas, o hasta que duplique su tamaño.
f) Precalienta tu horno a 230°C (450°F).
g) Una vez que la masa haya subido, golpéala suavemente para liberar las burbujas de aire. Colóquelo sobre una bandeja para hornear engrasada o una piedra para pizza.
h) Con las manos, presione y aplane la masa hasta darle forma de disco, de aproximadamente 1 a 2 pulgadas de grosor. Haz varios cortes diagonales en la parte superior de la masa para crear un patrón.
i) Cepille la superficie de la masa con aceite de oliva.
j) Coloque la bandeja para hornear o la piedra para pizza con la masa en el horno precalentado. Hornee durante unos 20-25 minutos, o hasta que el pan esté dorado y suene hueco al golpearlo en la parte inferior.
k) Retira la Torta de Aranda del horno y déjala enfriar sobre una rejilla antes de cortarla y servirla.

31. Txantxigorri

INGREDIENTES:
- 4 tazas de harina para pan
- 2 ¼ cucharaditas de sal
- 1 cucharada de levadura fresca
- 1 ⅓ tazas de agua tibia
- Harina de maíz o sémola, para espolvorear

INSTRUCCIONES:

a) En un tazón grande, combine la harina para pan y la sal.

b) Disuelva la levadura fresca en agua tibia o, si usa levadura seca activa, actívela según las instrucciones del paquete.

c) Haga un hueco en el centro de la mezcla de harina y vierta la mezcla de levadura. Revuelve bien hasta que empiece a formarse una masa.

d) Transfiera la masa a una superficie limpia y ligeramente enharinada y amase durante unos 10 a 15 minutos hasta que quede suave y elástica. Alternativamente, puede usar una batidora de pie con un gancho para amasar para amasar.

e) Coloca la masa en un bol engrasado y cúbrela con un paño de cocina limpio o film transparente. Deje que la masa crezca en un lugar cálido durante aproximadamente 1 a 2 horas hasta que duplique su tamaño.

f) Precalienta tu horno a 220°C (425°F). Coloque una piedra para hornear o una bandeja para hornear dentro del horno para precalentarlo también.

g) Una vez que la masa haya subido, golpéala hacia abajo para liberar las burbujas de aire. Forme una hogaza redonda con la masa y colóquela en una bandeja para hornear espolvoreada con harina de maíz o sémola.

h) Utilice un cuchillo afilado o una hoja de afeitar para hacer cortes o marcas decorativas en la superficie del pan, como líneas diagonales o un patrón de rayado cruzado. Esto le da al Txantxigorri su aspecto característico.

i) Transfiera el pan al horno precalentado y hornee durante unos 25 a 30 minutos, o hasta que la corteza se dore y suene hueca al golpearla en el fondo.

j) Saca el Txantxigorri del horno y déjalo enfriar sobre una rejilla antes de cortarlo y servirlo.

32. Pan De Semillas

INGREDIENTES:
- 4 tazas de harina para pan
- 2 ¼ cucharaditas de levadura seca activa
- 1 cucharadita de azúcar
- 1 cucharadita de sal
- 1 ¼ tazas de agua tibia
- 2 cucharadas de aceite de oliva
- Semillas variadas (como semillas de girasol, semillas de calabaza, semillas de sésamo, semillas de lino, etc.) para cubrir y mezclar con la masa.

INSTRUCCIONES:
a) En un tazón pequeño, disuelva el azúcar en agua tibia. Espolvorea la levadura sobre el agua y déjala reposar durante unos 5 minutos hasta que esté espumosa.
b) En un tazón grande, combine la harina para pan y la sal. Haga un hueco en el centro y vierta la mezcla de levadura y el aceite de oliva.
c) Mezclar los ingredientes hasta que se forme una masa. Transfiera la masa a una superficie enharinada y amase durante unos 10 minutos hasta que quede suave y elástica. Agrega más harina si es necesario para evitar que se pegue.
d) Coloque la masa en un recipiente engrasado, cúbrala con un paño de cocina limpio y déjala reposar en un lugar cálido durante aproximadamente 1 a 2 horas hasta que duplique su tamaño.
e) Precalienta tu horno a 220°C (425°F).
f) Una vez que la masa haya subido, golpéala hacia abajo para liberar las burbujas de aire. Transfiera la masa a una superficie ligeramente enharinada y amase con una variedad de semillas, como semillas de girasol, semillas de calabaza, semillas de sésamo o semillas de lino. Agrega un puñado o más de semillas e incorpóralas uniformemente a la masa.
g) Forme una hogaza con la masa o divídala en porciones más pequeñas para hacer panecillos individuales.

h) Coloque la masa moldeada en una bandeja para hornear engrasada o forrada con papel pergamino. Cúbrelo con un paño de cocina y déjalo reposar otros 30 minutos.

i) Opcional: cepille la parte superior del pan con agua y espolvoree semillas adicionales encima para decorar.

j) Hornee el pan en el horno precalentado durante unos 30-35 minutos, o hasta que la corteza esté dorada y el pan suene hueco al golpearlo en el fondo.

k) Saca el pan del horno y déjalo enfriar sobre una rejilla antes de cortarlo.

33. Oreja

INGREDIENTES:
- 1 hoja de masa de hojaldre, descongelada (comprada en la tienda o casera)
- Azúcar granulada, para espolvorear

INSTRUCCIONES:
a) Precalienta tu horno a la temperatura indicada en el paquete de hojaldre o alrededor de 200°C (400°F).
b) Extienda la hoja de hojaldre sobre una superficie ligeramente enharinada para aplanarla un poco.
c) Espolvoreamos una cantidad generosa de azúcar granulada por toda la superficie de la lámina de hojaldre.
d) Comenzando desde un borde, enrolle bien la hoja de hojaldre hacia el centro. Repita con el otro borde, girándolo también hacia el centro. Los dos rollos deben encontrarse en el medio.
e) Con un cuchillo afilado, corte transversalmente el hojaldre enrollado en rodajas finas, de aproximadamente ½ pulgada de grosor.
f) Coloque las rodajas de hojaldre en una bandeja para hornear forrada con papel pergamino, dejando un poco de espacio entre cada rebanada ya que se expandirán durante el horneado.
g) Presione suavemente cada rebanada con la palma de la mano para aplanarla ligeramente.
h) Espolvorea un poco más de azúcar granulada sobre cada rebanada.
i) Hornea las orejas en el horno precalentado durante unos 12-15 minutos, o hasta que estén doradas y crujientes.
j) Saca las orejas del horno y déjalas enfriar sobre una rejilla.

PAN GRIEGO

34.Laganá

INGREDIENTES:
- 4 tazas de harina para todo uso
- 1 cucharada de levadura seca activa
- 1 cucharadita de azúcar
- 1 cucharadita de sal
- 2 cucharadas de aceite de oliva
- 1 ½ tazas de agua tibia
- Semillas de sésamo para espolvorear

INSTRUCCIONES:

a) En un bol pequeño, disuelva el azúcar en agua tibia. Espolvorea la levadura sobre el agua y déjala reposar durante unos 5 minutos o hasta que esté espumosa.

b) En un tazón grande, combine la harina y la sal. Hacer un hueco en el centro y verter el aceite de oliva y la mezcla de levadura. Mezclar con una cuchara de madera o con las manos hasta que la masa empiece a unirse.

c) Transfiera la masa a una superficie enharinada y amase durante unos 5-7 minutos, o hasta que la masa se vuelva suave y elástica.

d) Coloque la masa en un recipiente engrasado, cúbrala con un paño de cocina limpio y déjela reposar en un lugar cálido durante aproximadamente 1 hora, o hasta que duplique su tamaño.

e) Precalienta tu horno a 425°F (220°C). Cubra una bandeja para hornear con papel pergamino.

f) Golpee la masa cocida y transfiérala a una superficie enharinada. Divide la masa en dos porciones iguales.

g) Extienda cada porción de masa hasta darle forma rectangular, de aproximadamente ¼ de pulgada de grosor. Transfiera la masa aplanada a la bandeja para hornear preparada.

h) Cepille ligeramente la parte superior de cada pan plano con agua y espolvoree semillas de sésamo sobre la superficie.

i) Con los dedos, cree hendiduras en la masa, formando un patrón de líneas o puntos.

j) Hornee el pan plano lagana en el horno precalentado durante unos 20-25 minutos, o hasta que esté dorado y crujiente.

k) Retirar del horno y dejar enfriar sobre una rejilla antes de cortar y servir.

35. Horiatiko Psomi

INGREDIENTES:
- 5 tazas de harina para pan
- 2 cucharaditas de levadura seca activa
- 2 cucharaditas de sal
- 2 ½ tazas de agua tibia
- 2 cucharadas de aceite de oliva

INSTRUCCIONES:
a) En un bol pequeño, disuelva la levadura en agua tibia. Déjelo reposar durante unos 5 minutos o hasta que esté espumoso.
b) En un tazón grande, combine la harina para pan y la sal. Haga un hueco en el centro y vierta la mezcla de levadura y el aceite de oliva. Mezclar con una cuchara de madera o con las manos hasta que la masa empiece a unirse.
c) Transfiera la masa a una superficie enharinada y amase durante unos 10 a 15 minutos, o hasta que la masa se vuelva suave y elástica.
d) Coloque la masa en un recipiente engrasado, cúbrala con un paño de cocina limpio y déjela reposar en un lugar cálido durante aproximadamente 1 a 2 horas, o hasta que duplique su tamaño.
e) Una vez que la masa haya subido, golpéala y dale forma de pan redondo u ovalado.
f) Precalienta tu horno a 450°F (230°C). Coloque una piedra para hornear o una bandeja para hornear invertida en el horno para precalentarlo también.
g) Transfiera la masa moldeada a una bandeja para hornear forrada con papel pergamino o una pala para hornear espolvoreada con harina.
h) Con un cuchillo afilado, haga cortes diagonales en la superficie de la masa. Esto ayudará a que el pan se expanda y forme una corteza rústica.
i) Coloque la bandeja para hornear con la masa sobre la piedra para hornear precalentada o la bandeja para hornear invertida en el horno.
j) Hornee durante unos 30-35 minutos, o hasta que el pan esté dorado y suene hueco al golpearlo en la parte inferior.

k) Retire el pan del horno y déjelo enfriar sobre una rejilla antes de cortarlo y servirlo.

l) El pan de pueblo griego (Horiatiko Psomi) es perfecto para disfrutar con mezes, sopas, guisos griegos o simplemente bañado en aceite de oliva. Es un pan delicioso y saciante con un encanto rústico. ¡Disfrutar!

36. Ladeni

INGREDIENTES:
- 4 tazas de harina para todo uso
- 2 cucharaditas de levadura seca activa
- 1 cucharadita de azúcar
- 1 cucharadita de sal
- 2 cucharadas de aceite de oliva
- 1 ½ tazas de agua tibia
- 4 tomates medianos, rebanados
- 1 cebolla morada mediana, en rodajas finas
- 1 taza de aceitunas Kalamata, sin hueso y partidas por la mitad
- 2 cucharadas de orégano fresco, picado
- Sal y pimienta para probar
- Aceite de oliva extra para rociar

INSTRUCCIONES:

a) En un bol pequeño, disuelva el azúcar en agua tibia. Espolvorea la levadura sobre el agua y déjala reposar durante unos 5 minutos o hasta que esté espumosa.

b) En un tazón grande, combine la harina y la sal. Hacer un hueco en el centro y verter el aceite de oliva y la mezcla de levadura. Mezclar con una cuchara de madera o con las manos hasta que la masa empiece a unirse.

c) Transfiera la masa a una superficie enharinada y amase durante unos 5-7 minutos, o hasta que la masa se vuelva suave y elástica.

d) Coloque la masa en un recipiente engrasado, cúbrala con un paño de cocina limpio y déjala reposar en un lugar cálido durante aproximadamente 1 hora, o hasta que duplique su tamaño.

e) Precalienta tu horno a 425°F (220°C). Cubra una bandeja para hornear con papel pergamino.

f) Golpee la masa cocida y transfiérala a la bandeja para hornear preparada. Con las manos, presione y estire la masa hasta darle forma rectangular u ovalada, de aproximadamente ½ pulgada de grosor.

g) Coloque los tomates en rodajas, las cebollas moradas y las aceitunas Kalamata encima de la masa. Espolvorea con orégano fresco o seco, sal y pimienta.

h) Rocíe un poco de aceite de oliva sobre los ingredientes.

i) Hornee en el horno precalentado durante unos 20-25 minutos, o hasta que el pan esté dorado y bien cocido.

j) Retirar del horno y dejar enfriar sobre una rejilla antes de cortar y servir.

37.Psomi Pita

INGREDIENTES:
- 3 tazas de harina para todo uso
- 1 cucharadita de levadura seca activa
- 1 cucharadita de azúcar
- 1 cucharadita de sal
- 2 cucharadas de aceite de oliva
- 1 taza de agua tibia

INSTRUCCIONES:

a) En un bol pequeño, disuelva el azúcar en agua tibia. Espolvorea la levadura sobre el agua y déjala reposar durante unos 5 minutos o hasta que esté espumosa.

b) En un tazón grande, combine la harina y la sal. Hacer un hueco en el centro y verter el aceite de oliva y la mezcla de levadura. Mezclar con una cuchara de madera o con las manos hasta que la masa empiece a unirse.

c) Transfiera la masa a una superficie enharinada y amase durante unos 5-7 minutos, o hasta que la masa se vuelva suave y elástica. Agregue más harina si es necesario para evitar que se pegue, pero evite agregar demasiada harina para mantener la masa suave.

d) Coloque la masa en un recipiente engrasado, cúbrala con un paño de cocina limpio y déjala reposar en un lugar cálido durante aproximadamente 1 a 2 horas, o hasta que duplique su tamaño.

e) Una vez que la masa haya subido, golpéala y transfiérala a una superficie enharinada. Divide la masa en 8 porciones iguales.

f) Enrolle cada porción hasta formar una bola y aplánela con las manos. Con un rodillo, extienda cada porción hasta formar un círculo, de aproximadamente ¼ de pulgada de grosor.

g) Calienta una sartén o plancha antiadherente a fuego medio-alto. Coloque un pan de pita enrollado en la sartén caliente y cocine durante aproximadamente 1 a 2 minutos por cada lado, o hasta que se hinche y desarrolle manchas doradas.

h) Retire el pan de pita cocido de la sartén y envuélvalo en un paño de cocina limpio para mantenerlo suave y flexible. Repite el proceso con las porciones restantes de masa.

i) Sirve el pan de pita griego tibio o a temperatura ambiente. Puede usarse para hacer sándwiches, wraps o cortarse en pedazos y mojarse en salsas o productos para untar.

38.Psomi Spitiko

INGREDIENTES:
- 4 tazas de harina para todo uso
- 2 cucharaditas de levadura seca activa
- 1 cucharadita de azúcar
- 1 cucharadita de sal
- 2 cucharadas de aceite de oliva
- 1 ½ tazas de agua tibia

INSTRUCCIONES:

a) En un bol pequeño, disuelva el azúcar en agua tibia. Espolvorea la levadura sobre el agua y déjala reposar durante unos 5 minutos o hasta que esté espumosa.

b) En un tazón grande, combine la harina y la sal. Hacer un hueco en el centro y verter el aceite de oliva y la mezcla de levadura.

c) Mezclar con una cuchara de madera o con las manos hasta que la masa empiece a unirse.

d) Transfiera la masa a una superficie enharinada y amase durante unos 5-7 minutos, o hasta que la masa se vuelva suave y elástica.

e) Coloque la masa en un recipiente engrasado, cúbrala con un paño de cocina limpio y déjala reposar en un lugar cálido durante aproximadamente 1 a 2 horas, o hasta que duplique su tamaño.

f) Una vez que la masa haya subido, golpéala y transfiérala a una superficie enharinada. Dale forma de pan redondo.

g) Precalienta tu horno a 425°F (220°C). Coloque una piedra para hornear o una bandeja para hornear invertida en el horno para precalentarlo también.

h) Transfiera la masa moldeada a la piedra para hornear precalentada o a la bandeja para hornear invertida en el horno.

i) Hornee durante unos 30-35 minutos, o hasta que el pan esté dorado y suene hueco al golpearlo en la parte inferior.

j) Retire el pan del horno y déjelo enfriar sobre una rejilla antes de cortarlo y servirlo.

39. Koulouri Salónica

INGREDIENTES:
- 4 tazas de harina para todo uso
- 2 cucharaditas de levadura seca activa
- 1 cucharadita de azúcar
- 1 cucharadita de sal
- 2 cucharadas de aceite de oliva
- 1 ½ tazas de agua tibia
- ½ taza de semillas de sésamo
- ¼ de taza de agua tibia (para pasta de semillas de sésamo)
- 2 cucharadas de aceite de oliva (para pasta de semillas de sésamo)
- ½ cucharadita de sal (para pasta de semillas de sésamo)

INSTRUCCIONES:

a)   En un bol pequeño, disuelva el azúcar en agua tibia. Espolvorea la levadura sobre el agua y déjala reposar durante unos 5 minutos o hasta que esté espumosa.

b)   En un tazón grande, combine la harina y la sal. Hacer un hueco en el centro y verter el aceite de oliva y la mezcla de levadura. Mezclar con una cuchara de madera o con las manos hasta que la masa empiece a unirse.

c)   Transfiera la masa a una superficie enharinada y amase durante unos 5-7 minutos, o hasta que la masa se vuelva suave y elástica.

d)   Coloque la masa en un recipiente engrasado, cúbrala con un paño de cocina limpio y déjala reposar en un lugar cálido durante aproximadamente 1 a 2 horas, o hasta que duplique su tamaño.

e)   Una vez que la masa haya subido, golpéala y transfiérala a una superficie enharinada. Divida la masa en porciones más pequeñas y enrolle cada porción en forma de cuerda larga, de aproximadamente 12 pulgadas de largo.

f)   Forme un anillo con cada tira de masa, superponiendo los extremos y pellizcándolos para sellar.

g)   Precalienta tu horno a 400°F (200°C). Cubra una bandeja para hornear con papel pergamino.

h)   En un tazón pequeño, mezcle las semillas de sésamo, agua tibia, aceite de oliva y sal hasta formar una pasta.

i) Sumerja cada aro de pan en la pasta de semillas de sésamo, asegurándose de cubrirlo bien por todos lados. Presione suavemente las semillas de sésamo sobre la masa para que se adhieran.

j) Coloque los aros de pan rebozados en la bandeja para hornear preparada, dejando algo de espacio entre ellos para que se expandan.

k) Hornee en el horno precalentado durante unos 20-25 minutos, o hasta que los aros de pan estén dorados.

l) Retirar del horno y dejar enfriar los Koulouri Thessalonikis sobre una rejilla antes de servir.

40.artos

INGREDIENTES:
- 4 tazas de harina para todo uso
- 1 ½ cucharaditas de levadura seca activa
- 1 ½ tazas de agua tibia
- 1 cucharada de azúcar
- 1 cucharadita de sal
- Opcional: semillas de sésamo u otros aderezos para decorar.

INSTRUCCIONES:
a) En un tazón pequeño, disuelva la levadura y el azúcar en agua tibia. Déjelo reposar durante unos 5 minutos o hasta que esté espumoso.
b) En un tazón grande, combine la harina y la sal. Haga un hueco en el centro y vierta la mezcla de levadura.
c) Incorpora poco a poco la harina al líquido, revolviendo con una cuchara de madera o con las manos, hasta que se forme una masa suave.
d) Transfiera la masa a una superficie enharinada y amase durante unos 8 a 10 minutos, o hasta que quede suave y elástica.
e) Coloca la masa en un recipiente engrasado, cúbrela con un paño de cocina limpio y déjala reposar en un lugar cálido durante aproximadamente 1 a 2 horas, o hasta que duplique su tamaño.
f) Una vez que la masa haya subido, golpéala suavemente para liberar las burbujas de aire. Dale forma de pan redondo u ovalado.
g) Transfiera el pan con forma a una bandeja para hornear o piedra para hornear. Si lo deseas, puedes decorar la superficie del pan con semillas de sésamo u otros aderezos.
h) Precalienta tu horno a 375°F (190°C). Mientras se precalienta el horno, dejar reposar el pan y volver a subir durante unos 15-20 minutos.
i) Hornee el pan en el horno precalentado durante unos 30-35 minutos, o hasta que se dore y suene hueco al golpearlo en la parte inferior.
j) Una vez horneados, sacamos los artos del horno y dejamos enfriar sobre una rejilla.

41.Zea

INGREDIENTES:
- 2 tazas de harina para todo uso
- 1 taza de harina integral
- 2 cucharaditas de levadura seca activa
- 1 cucharadita de sal
- 1 ¼ tazas de agua tibia
- 2 cucharadas de aceite de oliva
- Opcional: semillas de sésamo u otros aderezos para espolvorear.

INSTRUCCIONES:

a) En un tazón pequeño, disuelva la levadura en ¼ de taza de agua tibia. Déjelo reposar durante unos 5 minutos o hasta que esté espumoso.

b) En un tazón grande, combine la harina para todo uso, la harina integral y la sal.

c) Haga un hueco en el centro de los ingredientes secos y vierta la mezcla de levadura, el agua tibia restante y el aceite de oliva.

d) Revuelva los ingredientes hasta que se forme una masa peluda.

e) Transfiera la masa a una superficie enharinada y amase durante unos 8 a 10 minutos, o hasta que la masa se vuelva suave y elástica. Agrega un poco más de harina si es necesario para evitar que se pegue.

f) Coloca la masa en un recipiente engrasado, cúbrela con un paño de cocina limpio y déjala reposar en un lugar cálido durante aproximadamente 1 a 2 horas, o hasta que duplique su tamaño.

g) Precalienta tu horno a 425°F (220°C). Cubra una bandeja para hornear con papel pergamino.

h) Una vez que la masa haya subido, golpéala suavemente para liberar las burbujas de aire. Divida la masa en porciones iguales y forme palitos de pan largos y delgados con cada porción.

i) Coloque los palitos de pan en la bandeja para hornear preparada, dejando algo de espacio entre ellos. Opcionalmente, espolvoree semillas de sésamo u otros aderezos deseados encima.

j) Deje que los palitos de pan reposen y crezcan durante 15 a 20 minutos más.

k) Hornea los palitos de pan en el horno precalentado durante unos 15 a 20 minutos, o hasta que se doren y estén crujientes por fuera.

l) Una vez horneado, sacamos el pan Zea del horno y lo dejamos enfriar sobre una rejilla.

42. Paximathia

INGREDIENTES:
- 4 tazas de harina para todo uso
- 1 taza de azúcar granulada
- 1 cucharadita de polvo para hornear
- ½ cucharadita de bicarbonato de sodio
- ½ cucharadita de sal
- ½ cucharadita de canela molida
- 1 taza de aceite de oliva
- ½ taza de jugo de naranja
- Ralladura de 1 naranja
- ¼ de taza de brandy u ouzo (opcional)
- Semillas de sésamo (para espolvorear)

INSTRUCCIONES:

a) Precalienta el horno a 350 °F (175 °C) y cubre una bandeja para hornear con papel pergamino.

b) En un tazón grande, mezcle la harina, el azúcar, el polvo para hornear, el bicarbonato de sodio, la sal y la canela molida hasta que estén bien combinados.

c) En un recipiente aparte, mezcle el aceite de oliva, el jugo de naranja, la ralladura de naranja y el brandy u ouzo (si se usa).

d) Vierta gradualmente los ingredientes húmedos sobre los secos mientras revuelve con una cuchara de madera o con las manos. Mezclar hasta que se forme una masa. Si la masa se siente demasiado seca, puedes agregar un poco más de jugo de naranja, una cucharada a la vez.

e) Transfiera la masa a una superficie enharinada y amase durante unos minutos hasta que quede suave y bien combinada.

f) Divide la masa en porciones más pequeñas. Tome una porción a la vez y extiéndala hasta darle forma rectangular u ovalada, de aproximadamente ¼ de pulgada de grosor.

g) Con un cuchillo o un cortador de masa, corte la masa extendida en trozos o tiras más pequeñas, de aproximadamente 2 a 3 pulgadas de largo y 1 pulgada de ancho.

h) Coloca las piezas cortadas en la bandeja para hornear preparada, dejando un poco de espacio entre ellas. Espolvoree generosamente semillas de sésamo encima de cada pieza.

i) Hornee la Paximathia en el horno precalentado durante unos 20-25 minutos, o hasta que se doren y estén crujientes en los bordes.

j) Una vez horneadas, saca las Paximathia del horno y déjalas enfriar en la bandeja para hornear durante unos minutos. Luego, transfiérelos a una rejilla para que se enfríen por completo.

k) Guarde Paximathia en un recipiente hermético a temperatura ambiente.

l) Se mantendrán frescos durante varias semanas.

43. Batzina

INGREDIENTES:
- 4 tazas de harina para todo uso
- 1 cucharadita de levadura seca activa
- 1 cucharadita de sal
- 2 cucharadas de aceite de oliva
- 1 cucharada de miel
- 1 ¼ tazas de agua tibia

INSTRUCCIONES:
a) En un tazón pequeño, combine el agua tibia, la miel y la levadura. Revuelva bien y déjelo reposar durante unos 5 minutos hasta que la levadura se vuelva espumosa.

b) En un tazón grande, combine la harina y la sal. Hacer un hueco en el centro y verter el aceite de oliva y la mezcla de levadura.

c) Mezcle los ingredientes hasta que comience a formarse una masa. Transfiera la masa a una superficie ligeramente enharinada y amase durante unos 8-10 minutos hasta que la masa se vuelva suave y elástica.

d) Forma una bola con la masa y colócala en un bol engrasado. Cubre el bol con un paño de cocina limpio y deja que la masa suba en un lugar cálido durante aproximadamente 1 a 2 horas hasta que duplique su tamaño.

e) Precalienta tu horno a 400°F (200°C). Cubra una bandeja para hornear con papel pergamino.

f) Una vez que la masa haya subido, golpéala hacia abajo para liberar las burbujas de aire. Transfiera la masa a la bandeja para hornear preparada.

g) Con las manos, aplana la masa hasta darle forma circular, de aproximadamente ½ pulgada de grosor.

h) Con un cuchillo, marque la parte superior de la masa en forma de cruz o diamante.

i) Rocíe un poco de aceite de oliva sobre el pan y extiéndalo uniformemente.

j) Hornee en el horno precalentado durante unos 25-30 minutos, o hasta que el pan se dore por encima.

k) Una vez horneado, sacamos el pan Batzina del horno y lo dejamos enfriar sobre una rejilla.

44.Psomi Tou Kyrion

INGREDIENTES:
- 2 tazas de harina integral
- 1 taza de harina para todo uso
- ½ taza de harina de centeno
- 1 ½ cucharaditas de levadura seca activa
- 1 ½ cucharaditas de sal
- 1 ½ tazas de agua tibia
- 2 cucharadas de aceite de oliva
- 1 cucharada de miel (opcional)
- Harina adicional para espolvorear

INSTRUCCIONES:

a) En un tazón pequeño, combine el agua tibia y la miel (si la usa). Revuelve bien para disolver la miel y luego espolvorea la levadura sobre la mezcla. Déjalo reposar durante unos 5 minutos hasta que la levadura se vuelva espumosa.

b) En un tazón grande, combine la harina integral, la harina para todo uso, la harina de centeno y la sal. Hacer un hueco en el centro y verter el aceite de oliva y la mezcla de levadura.

c) Mezcle los ingredientes hasta que comience a formarse una masa. Transfiera la masa a una superficie ligeramente enharinada y amase durante unos 10-12 minutos hasta que la masa se vuelva suave y elástica.

d) Forma una bola con la masa y colócala en un bol engrasado. Cubre el bol con un paño de cocina limpio y deja que la masa suba en un lugar cálido durante aproximadamente 1 a 2 horas hasta que duplique su tamaño.

e) Precalienta tu horno a 425°F (220°C). Coloque una piedra para hornear o una bandeja para hornear al revés en el horno para precalentarlo también.

f) Una vez que la masa haya subido, golpéala hacia abajo para liberar las burbujas de aire. Transfiera la masa a una superficie enharinada y forme una hogaza redonda u ovalada.

g) Coloque el pan en una bandeja para hornear o en un trozo de papel pergamino. Espolvoree la parte superior del pan con un poco de harina y córtelo con un cuchillo afilado para crear cortes decorativos.

h) Transfiera con cuidado el pan a la piedra para hornear o bandeja para hornear precalentada. Hornee durante unos 30-35 minutos o hasta que el pan se dore y suene hueco al golpearlo en la parte inferior.

i)   Una vez horneado, retira el Psomi tou kyrion del horno y déjalo enfriar sobre una rejilla antes de cortarlo.

45. xerotigana

INGREDIENTES:
PARA LA MASA:
- 4 tazas de harina para todo uso
- ½ cucharadita de polvo para hornear
- ½ cucharadita de sal
- ½ taza de jugo de naranja
- ¼ taza de aceite de oliva
- ¼ taza de vino blanco
- 1 cucharada de azúcar granulada
- 1 cucharadita de canela molida

PARA EL JARABE:
- 2 tazas de miel
- 1 taza de agua
- 1 rama de canela
- Ralladura de 1 naranja

INSTRUCCIONES:

a) En un tazón grande, mezcle la harina, el polvo para hornear, la sal, el azúcar y la canela molida.

b) En un recipiente aparte, combine el jugo de naranja, el aceite de oliva y el vino blanco.

c) Vierte poco a poco la mezcla líquida sobre los ingredientes secos, revolviendo continuamente, hasta que se forme una masa suave.

d) Transfiera la masa a una superficie ligeramente enharinada y amase durante unos 5-7 minutos hasta que quede suave y elástica.

e) Dividir la masa en porciones pequeñas y cubrirlas con un paño húmedo para evitar que se sequen.

f) Tome una porción de la masa y extiéndala hasta formar una hoja delgada, de aproximadamente 1/8 de pulgada de grosor.

g) Corte la masa enrollada en tiras, de aproximadamente 1 a 2 pulgadas de ancho y de 6 a 8 pulgadas de largo.

h) Toma cada tira y átala formando un nudo suelto, creando una forma retorcida. Repite este proceso con las tiras restantes de masa.

i) En una olla profunda y de fondo grueso, caliente el aceite vegetal para freír a una temperatura de aproximadamente 350 °F (180 °C).

j) Echa con cuidado unos trozos de masa retorcida en el aceite caliente y fríelos hasta que se doren por todos lados. Evite abarrotar la olla; Fríelos en tandas si es necesario.

k) Una vez fritas, retira las Xerotigana del aceite con una espumadera y pásalas a un plato forrado con papel toalla para escurrir el exceso de aceite.

l) En una cacerola aparte, combine la miel, el agua, la rama de canela y la ralladura de naranja. Calienta la mezcla a fuego medio hasta que hierva. Reducir el fuego y dejar cocer a fuego lento durante unos 5 minutos.

m) Retire la ramita de canela y la ralladura de naranja del almíbar.

n) Mientras el almíbar aún está caliente, mojar las Xerotigana fritas en el almíbar, cubriéndolas por completo. Déjelos en remojo durante unos minutos, luego transfiéralos a una rejilla para que se enfríen y deje que escurra el exceso de almíbar.

o) Repita el proceso de inmersión con la Xerotigana restante, asegurándose de que quede completamente cubierta con el almíbar de miel.

PAN FRANCÉS

46. Junquillo

INGREDIENTES:
- 1¾ tazas de agua, a temperatura ambiente, cantidad dividida
- 2 cucharaditas de levadura instantánea, cantidad dividida
- 5 tazas menos 1½ cucharadas de harina para pan (o harina T55), dividida
- 1 cucharada de sal kosher

INSTRUCCIONES:
HACER UN PATE FERMENTADO:
a) En un tazón mediano, mezcle ½ taza de agua con una pizca de levadura. Agrega 1¼ tazas de harina y 1 cucharadita de sal. Revuelva hasta que se forme una masa peluda. Coloca la masa en tu banco y amasa hasta que esté bien combinada, de 1 a 2 minutos.
b) Regrese la masa al tazón, cúbrala con una toalla y déjela reposar de 2 a 4 horas a temperatura ambiente o refrigere durante la noche. Debería duplicar su tamaño.

HACER LA MASA:
c) Agregue las 1¼ tazas restantes de agua y la levadura restante al paté fermentado, usando los dedos para dividir la masa en el líquido. Agrega las 3⅔ tazas de harina restantes y las 2 cucharaditas de sal restantes. Mezcle hasta que se forme una masa peluda, aproximadamente 1 minuto.
d) Coloque la masa en una mesa limpia y amase durante 8 a 10 minutos hasta que esté suave, elástica y flexible. Si estás amasando a mano, resiste la tentación de agregar más harina; La masa naturalmente se volverá menos pegajosa a medida que la trabajes.
e) Estirar la masa para comprobar el correcto desarrollo del gluten. Si se rompe demasiado rápido y se siente áspero, continúa amasando hasta que quede suave y flexible.
f) Si amasas a mano, regresa la masa al bol. Cubrir con una toalla y dejar reposar durante 1 hora o hasta que duplique su tamaño.
g) Dar forma y hornear: enharine ligeramente la mesa y use un raspador de plástico para soltar la masa del tazón. Utilice una espátula de metal para dividir la masa en 4 secciones iguales (de unos 250 gramos cada una). Cubrir con una toalla y dejar reposar de 5 a 10 minutos.

h) Trabajando con una sección a la vez, use las yemas de los dedos para presionar suavemente la masa hasta formar un rectángulo rugoso. Dobla el cuarto superior hacia el centro, luego dobla el cuarto inferior hacia el centro, para que se junten. Presione ligeramente a lo largo de la costura para adherir.

i) Dobla la mitad superior de la masa sobre la mitad inferior para crear un tronco. Utilice la palma de la mano o las yemas de los dedos para sellar la costura. Asegúrate de que tu banco esté ligeramente enharinado. No querrás ejercer demasiada presión sobre la masa, pero tampoco querrás que se deslice en lugar de rodar. Si la masa se desliza, retira el exceso de harina y moja tus manos ligeramente.

j) Voltee suavemente la masa para que la costura quede en la parte inferior y use las manos para mover los extremos del pan hacia adelante y hacia atrás para crear una forma de pelota de fútbol. Luego, mueva las manos desde el centro del pan hacia los bordes para alargarlo de 12 a 14 pulgadas. Repita con las secciones restantes.

k) Coloque una toalla de lino sobre una bandeja para hornear. Espolvoréalo con harina y dobla un extremo para crear un borde. Coloque una barra de pan al lado de este pliegue. Dobla la toalla por el otro lado para crear un espacio dedicado para que se levante la baguette. Coloque otra barra de pan al lado y cree otro pliegue. Repita con las baguettes restantes.

l) Cubrir con una toalla y dejar reposar durante 1 hora.

m) Después de 30 minutos de fermentación, precalienta el horno a 475 °F. Coloque una piedra para hornear en la rejilla central. Forre una bandeja para hornear plana con papel pergamino (dale la vuelta a la bandeja para hornear y trabaja en la parte posterior si usas una piedra para hornear).

n) Revisa las baguettes pinchando la masa. Debería retroceder ligeramente, dejando una marca y sentirse como un malvavisco.

o) Cuando las baguettes estén listas para hornear, levántelas suavemente y transfiéralas a la bandeja para hornear preparada, colocándolas a 2 pulgadas de distancia. Tenga cuidado de no desinflar las baguettes mientras las transfiere.

p) Sosteniendo una hoja de afeitar o una hoja de afeitar en un ángulo de 30 grados, marque rápida pero suavemente cinco líneas en diagonal en la parte superior de las baguettes, aproximadamente a ¼ de pulgada de profundidad y a 2 pulgadas de distancia. Entre panes, sumerja la cuchilla en agua para liberar la masa pegajosa.

q) Coloque la bandeja para hornear en el horno o, si usa una piedra para hornear, deslice el papel pergamino de la bandeja sobre la piedra para hornear.

r) Rocía los panes con agua 4 o 5 veces en total y cierra la puerta del horno. Rocíe nuevamente después de 3 minutos de horneado y nuevamente después de otros 3 minutos, trabajando rápidamente cada vez para no perder calor del horno.

s) Hornee durante 24 a 28 minutos en total, hasta que los panes tengan un color dorado intenso.

t) Transfiera los panes a una rejilla para enfriar durante 15 a 20 minutos antes de cortarlos.

47. Baguettes al Levain

INGREDIENTES:
- 1¼ taza de iniciador, a temperatura ambiente.
- ¼ taza de agua
- 2 cucharaditas de aceite de oliva
- 2½ taza de harina para pan
- ¾ cucharadita de sal
- 1½ cucharada de Azúcar
- 2 cucharaditas de levadura

INSTRUCCIONES:

a) Saque el entrante del refrigerador la noche anterior a comenzar con el pan. Alimente el iniciador y déjelo alcanzar la temperatura ambiente mientras digiere la alimentación. Coloque los ingredientes en la sartén en el orden indicado. Listo para masa, presione inicio.

b) Cuando se complete el ciclo, retirar la masa, exprimir los gases, colocar en un bol, tapar con un paño de cocina húmedo y dejar reposar durante 30 minutos.

c) Espolvoree harina de maíz sobre la encimera, forme 2 cilindros finos con la masa, coloque los panes en un molde para baguette, cubra con un paño de cocina y déjelo reposar en el refrigerador de 12 a 24 horas.

d) Retirar del frigorífico, espolvorear con agua y dejar reposar hasta que haya subido por completo. Espolvorea con agua nuevamente y hornea en horno convencional a 375 F por 30 minutos o hasta que esté dorado y crujiente. Para obtener un pan realmente crujiente, rocíe con agua cada 5 minutos mientras hornea.

48.Pain d'Épi

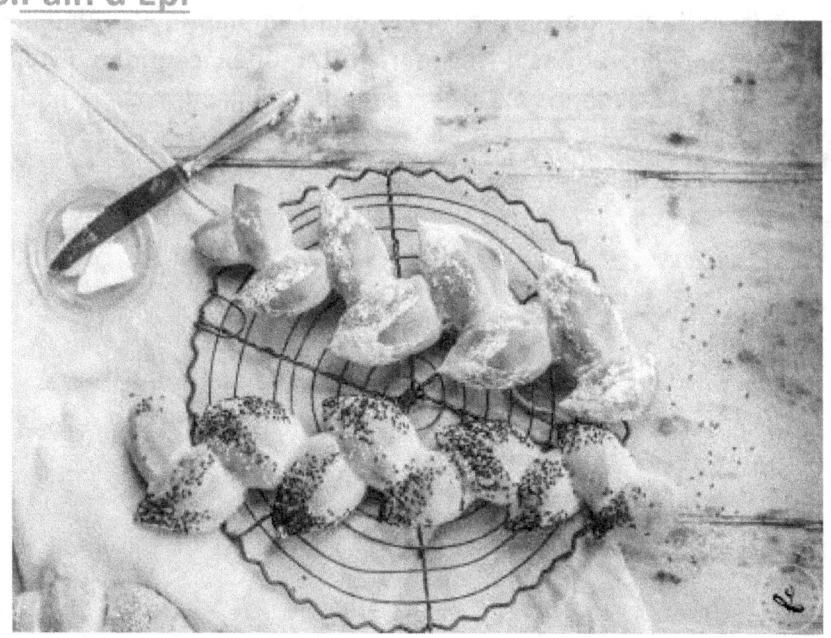

INGREDIENTES:
- 1¾ tazas de agua, a temperatura ambiente, cantidad dividida
- 2 cucharaditas de levadura instantánea, cantidad dividida
- 5 tazas menos 1½ cucharadas de harina para pan (o harina T55), dividida
- 1 cucharada de sal kosher

INSTRUCCIONES:

a) Haga un paté fermentado: en un tazón mediano, mezcle ½ taza de agua con una pizca de levadura. Agrega 1¼ tazas de harina y 1 cucharadita de sal. Revuelva hasta que se forme una masa peluda. Coloca la masa en tu banco y amasa hasta que esté bien combinada, de 1 a 2 minutos. La mezcla quedará pegajosa. Regrese la masa al tazón, cúbrala con una toalla y déjela reposar de 2 a 4 horas a temperatura ambiente o refrigere durante la noche. Debería duplicar su tamaño.

b) Haga la masa: agregue las 1¼ tazas restantes de agua y la levadura restante al paté fermentado, usando los dedos para dividir la masa en el líquido. Agregue las 3⅔ tazas restantes de harina y las 2 cucharaditas restantes de sal y mezcle hasta que se forme una masa peluda, aproximadamente 1 minuto.

c) Coloque la masa en una mesa limpia y amase durante 8 a 10 minutos (o transfiérala a una batidora y amase durante 6 a 8 minutos a velocidad baja) hasta que quede suave, elástica y flexible. Si estás amasando a mano, resiste la tentación de agregar más harina; La masa naturalmente se volverá menos pegajosa a medida que la trabajes.

d) Estirar la masa para comprobar el correcto desarrollo del gluten. Si se rompe demasiado rápido y se siente áspero, continúa amasando hasta que quede suave y flexible.

e) Si amasas a mano, regresa la masa al bol. Cubrir con una toalla y dejar reposar durante 1 hora o hasta que duplique su tamaño.

f) Enharine ligeramente su mesa y use un raspador de plástico para soltar la masa del tazón. Utilice una espátula de metal para dividir la masa en 4 secciones iguales (de unos 250 gramos cada una). Cubrir con una toalla y dejar reposar de 5 a 10 minutos.

g) Trabajando con una sección a la vez, use las yemas de los dedos para presionar suavemente la masa hasta formar un rectángulo rugoso. Dobla el cuarto superior hacia el centro, luego dobla el cuarto inferior hacia el centro, para que se junten.

h) Presione ligeramente a lo largo de la costura para adherir. Dobla la mitad superior de la masa sobre la mitad inferior para crear un tronco. Utilice la palma de la mano o las yemas de los dedos para sellar la costura.

i) Voltee suavemente la masa para que la costura quede en la parte inferior y use las manos para mover los extremos del pan hacia adelante y hacia atrás para crear una forma de pelota de fútbol. Luego, mueva las manos desde el centro del pan hacia los bordes para alargarlo de 12 a 14 pulgadas. Repita con las secciones restantes.

j) Forre dos bandejas para hornear con papel pergamino. Transfiera con cuidado dos panes a cada bandeja para hornear preparada, espaciándolos a una distancia de 4 a 5 pulgadas.

k) Sosteniendo las tijeras en un ángulo de 45 grados, corte una barra de pan a aproximadamente 2 pulgadas del extremo (cortando casi todo el pan, de un solo golpe, de modo que las puntas de las tijeras estén a solo ⅛ de pulgada del extremo de la masa). Inmediatamente, pero con cuidado, coloque la pieza hacia el lado derecho. Haga un segundo corte de aproximadamente 2 pulgadas a lo largo del pan y coloque el trozo de masa a la izquierda. Repite, alternando el lado hacia el que estás moviendo la masa, hasta haber cortado todo el pan.

l) Cubrir con toallas y dejar reposar durante 1 hora o hasta que tenga una textura de malvavisco. Si empujas la masa, debería saltar ligeramente hacia atrás, dejando una marca. Después de 30 minutos de fermentación, precalienta el horno a 475 °F.

m) Cuando los panes estén listos para hornear, coloque las bandejas para hornear en el horno. Rocía los panes con agua 4 o 5 veces en total y cierra la puerta. Rocíe nuevamente después de 3 minutos de horneado y nuevamente después de otros 3 minutos, trabajando rápidamente para no perder calor del horno. Hornee durante 24 a 28 minutos en total, girando la posición de las bandejas a la mitad del horneado para que se doren uniformemente, hasta que los panes tengan un color dorado intenso.

n) Transfiera los panes a una rejilla para enfriar durante 10 a 15 minutos antes de servir.

49. Pain d'épi aux herbes

INGREDIENTES:
- 1¼ tazas de agua tibia, cantidad dividida
- Paquete de 0.63 onzas de levadura de masa madre instantánea
- 4 tazas de harina para pan, cantidad dividida
- 2¾ cucharaditas de sal kosher
- 1 cucharadita de ajo en polvo
- 1 cucharadita de romero fresco picado
- 1 cucharadita de salvia fresca picada
- 1 cucharadita de tomillo fresco picado
- ½ cucharadita de pimienta negra molida
- 1½ tazas de agua hirviendo
- Aceite de oliva con hierbas, para servir

INSTRUCCIONES:

a) En el tazón de una batidora de pie equipada con el accesorio de paleta, mezcle a mano ¾ de taza (180 gramos) de agua tibia y la levadura de masa madre instantánea hasta que se disuelva. Agrega 1⅓ de taza (169 gramos) de harina y bate a velocidad baja hasta que se combinen, aproximadamente 30 segundos. Cubra y deje crecer en un lugar cálido y sin corrientes de aire hasta que duplique su tamaño, de 30 a 45 minutos.

b) Agregue sal, ajo en polvo, romero, salvia, tomillo, pimienta negra, las 2⅔ tazas (339 gramos) restantes de harina y la ½ taza (120 gramos) restante de agua tibia a la mezcla de levadura y bata a velocidad baja hasta que la masa se una, aproximadamente 30 segundos. Cambie al accesorio de gancho para masa. Batir a velocidad baja durante 2 minutos.

c) Engrase ligeramente un tazón grande. Coloque la masa en un tazón, volteándola para engrasar la parte superior. Cubra y deje reposar en un lugar cálido y sin corrientes de aire hasta que quede suave y elástico, aproximadamente ½ hora, volteándolo cada 30 minutos.

d) Coloque la masa sobre una superficie ligeramente enharinada y divídala por la mitad. Golpee suavemente la mitad hasta formar un rectángulo de 9x4 pulgadas; Doble un lado corto sobre el tercio central, pellizcando para sellar. Doble el tercio restante sobre la porción doblada, pellizcando para sellar. Voltee la masa para que quede con la costura hacia abajo. Tapar y dejar reposar durante 20 minutos. Repita con la mitad restante de la masa.

e) Forre una bandeja para hornear con borde con papel pergamino, dejando que el exceso se extienda ligeramente sobre los lados del molde. Espolvorear abundantemente con harina.

f) Golpee suavemente cada baguette hasta formar un rectángulo de 8x6 pulgadas, con el lado largo más cercano a usted. Doble el tercio superior de la masa hacia el centro, presionando para sellar. Doble el tercio inferior sobre la parte doblada, presionando para sellar. Doble la masa por la mitad a lo largo para que los bordes largos se junten. Con la palma de la mano, presione firmemente los bordes para sellar. Enrolle hasta formar un tronco de 15 a 16 pulgadas de grosor uniforme, con los extremos ligeramente ahusados.

g) Coloque 1 tronco en el molde preparado, con la costura hacia abajo, acomodándolo contra un lado largo del molde. Levante y doble el pergamino para crear una pared en el lado opuesto del tronco. Coloque el tronco restante en el otro lado de la pared de pergamino, con la costura hacia abajo. Repita el proceso de tirar y doblar con el pergamino para formar una pared en el lado opuesto del segundo tronco y péselo con un paño de cocina para evitar que el pergamino se deslice. Cubra y deje reposar en un lugar cálido y sin corrientes de aire hasta que esté ligeramente inflado, de 45 a 50 minutos.

h) Coloque una sartén grande de hierro fundido en la rejilla inferior del horno y una bandeja para hornear con borde en la rejilla central. Precalienta el horno a 475°F.

i) Transfiera con cuidado los trozos de masa a una hoja de papel pergamino; espolvoree bien la parte superior con harina. Con unas tijeras de cocina, haga un corte rápido y limpio de 45 grados aproximadamente a 1½ pulgadas del extremo de 1 tronco, cortando aproximadamente tres cuartos del recorrido.

j) Gire suavemente la masa hacia un lado. Haga un segundo corte a 1½ pulgadas del primero y gire suavemente la pieza de masa hacia el lado opuesto. Repita hasta llegar al final del tronco, creando una forma de tallo de trigo. Repita el procedimiento con el registro restante.

k) Retire la sartén precalentada del horno. Coloque con cuidado el pergamino con la masa en el molde y regrese al horno. Vierta con cuidado 1½ tazas de agua hirviendo en una sartén precalentada. Cierre inmediatamente la puerta del horno.

l) Hornee hasta que estén dorados y un termómetro de lectura instantánea insertado en el centro registre 205 °F (96 °C), aproximadamente 15 minutos. Dejar enfriar en un molde sobre una rejilla.

m) Sirva con aceite de oliva con hierbas.

50. Foueé

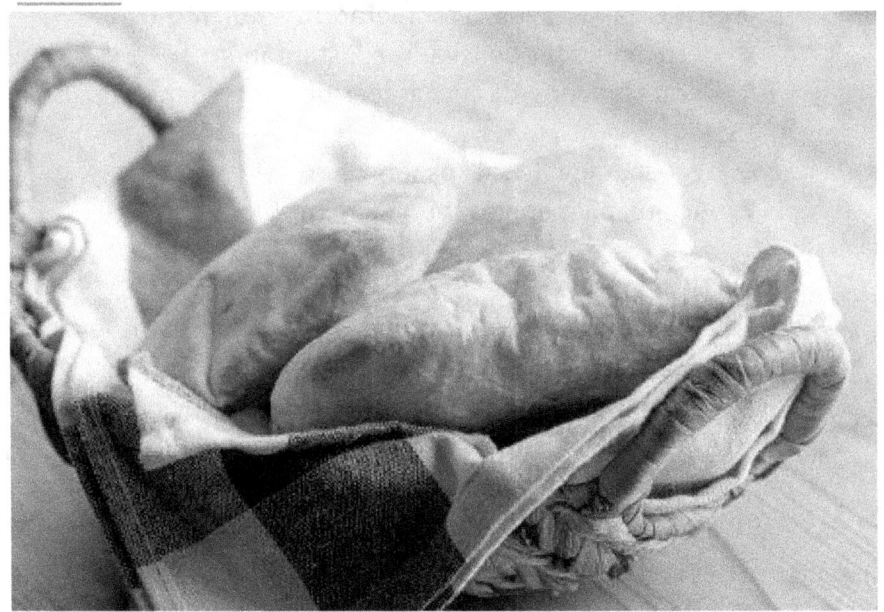

INGREDIENTES:
- 1½ tazas de agua, a temperatura ambiente
- 2 cucharaditas de levadura instantánea
- 5 tazas menos 1½ cucharadas de harina para todo uso (o harina T55)
- 1 cucharada de sal kosher
- Aceite, para engrasar una bandeja para hornear

INSTRUCCIONES:

a) Haga la masa: en un tazón, combine el agua y la levadura, luego agregue la harina y la sal. Amasar a mano durante 6 a 8 minutos (o de 4 a 6 minutos en una batidora de pie a velocidad baja) hasta que esté bien combinado y suave. Si trabajas en una batidora, es posible que tengas que terminar la masa a mano, ya que es un poco pesada. Cubra con una toalla o film transparente y reserve durante 1 hora o hasta que duplique su tamaño. Esto variará dependiendo de la temperatura de su cocina.

b) Dar forma y hornear: enharine ligeramente la mesa y use un raspador de plástico para soltar la masa del tazón. Utilice un raspador de banco de metal para dividir en 8 trozos iguales, de aproximadamente 115 gramos cada uno.

c) Con las yemas de los dedos, tire de los bordes de un trozo de masa hacia adentro, trabajando alrededor de la masa en el sentido de las agujas del reloj hasta que todos los bordes estén doblados hacia el centro.

d) Pellizca ligeramente para que se adhiera. Deberías ver los pliegues de masa reuniéndose en el centro, creando una costura. (Tenga cuidado de no amasar la masa ni desinflarla demasiado agresivamente).

e) Dale la vuelta a cada ronda. Coloque ambas manos alrededor de la base y, usando el agarre de la mesa, tire de la ronda hacia usted, girándola a medida que avanza, para apretar la costura. Repita con las rondas restantes. Cubrir con una toalla y dejar reposar de 5 a 10 minutos.

f) Transfiera 4 rondas a un plato pequeño, cúbralas con una toalla o film transparente y transfiéralas al refrigerador. Cubra las rondas restantes y descanse de 5 a 10 minutos.

g) Precalienta el horno a 475°F. Coloque una piedra para hornear o una bandeja para hornear pesada engrasada en la rejilla central del horno.

h) Espolvoree su mesa con harina y enrolle las 4 rondas de masa sin refrigerar hasta formar círculos de ¼ de pulgada de grosor. Sea preciso con el grosor: la masa demasiado espesa no se hinchará y las demasiado finas se convertirán en galletas saladas. Si la masa se encoge mientras la enrollas, cúbrela, deja reposar 10 minutos más y vuelve a intentarlo.

i) Deje reposar, descubierto, durante 15 a 20 minutos o hasta que esté ligeramente inflado. Mientras tanto, extienda las 4 rondas refrigeradas.

j) Coloque rápida y suavemente las primeras 4 piezas en la piedra para hornear o en la bandeja para hornear, espaciándolas al menos a 2 pulgadas de distancia. Hornee durante 8 a 10 minutos, hasta que esté inflado y ligeramente dorado en algunas partes.

k) Retirar del horno, colocar sobre una rejilla para enfriar y hornear las piezas restantes cuando estén ligeramente infladas y hayan reposado durante 15 a 20 minutos.

l) Deje enfriar durante 5 a 10 minutos antes de partir y rellenar.

51. Fougasse

INGREDIENTES:
- 1¾ tazas de agua, a temperatura ambiente, cantidad dividida
- 2 cucharaditas de levadura instantánea, cantidad dividida
- 5 tazas menos 1½ cucharadas de harina para pan (o harina T55), dividida
- 2 cucharadas de aceite de oliva, y más para rociar
- 1 cucharada de sal kosher, y más para espolvorear

INSTRUCCIONES:

a) Hacer un paté fermentado: En un bol, mezcle ½ taza de agua con una pizca de levadura. Agrega 1¼ tazas de harina y 1 cucharadita de sal. Revuelva hasta que se forme una masa peluda. Coloca la masa en tu banco y amasa hasta que esté bien combinada, de 1 a 2 minutos. La mezcla quedará pegajosa. Regrese la masa al tazón, cúbrala con una toalla y déjela reposar de 2 a 4 horas a temperatura ambiente o refrigere durante la noche. Debería duplicar su tamaño.

b) Haga la masa: agregue las 1¼ tazas restantes de agua y la levadura restante al paté fermentado, usando los dedos para dividir la masa en el líquido. Agregue las 3⅔ tazas restantes de harina, el aceite y las 2 cucharaditas restantes de sal y mezcle hasta que se forme una masa peluda, aproximadamente 1 minuto.

c) Coloque la masa en una mesa limpia y amase durante 8 a 10 minutos hasta que quede suave, elástica y flexible. Si estás amasando a mano, resiste la tentación de agregar más harina; La masa naturalmente se volverá menos pegajosa a medida que la trabajes.

d) Estirar la masa para comprobar el correcto desarrollo del gluten. Si se rompe demasiado rápido y se siente áspero, continúa amasando hasta que quede suave y flexible.

e) Si amasas a mano, regresa la masa al bol. Cubrir con una toalla y dejar reposar durante 1 hora o hasta que duplique su tamaño.

f) Dar forma y hornear: enharine ligeramente la mesa y use un raspador de plástico para soltar la masa del tazón. Utilice una espátula de metal para dividir la masa en 4 secciones iguales (de unos 250 gramos cada una). Cubrir con una toalla y dejar reposar de 5 a 10 minutos. Forre dos bandejas para hornear con papel pergamino.

g) Espolvoree las bolas con harina y aplánelas hasta obtener un óvalo rugoso de poco más de ¼ de pulgada de grosor, usando primero las yemas de los dedos y luego un rodillo, si lo desea.

h) Use un cuchillo de cocina sostenido en un ángulo de 45 grados para cortar líneas decorativas en la masa. Asegúrate de cortar toda la masa y dejar un espacio de al menos ½ pulgada entre los cortes.

i) Transfiera con cuidado dos panes a cada bandeja para hornear preparada, separándolos unos centímetros entre sí. Estírelos suavemente para asegurarse de que los cortes permanezcan abiertos mientras se hornean.

j) Cubra los panes con toallas y déjelos reposar durante 30 a 45 minutos o hasta que tengan una textura de malvavisco. Si empujas la masa, debería saltar ligeramente hacia atrás, dejando una marca. Después de 15 minutos de fermentación, precalienta el horno a 475 °F.

k) Cuando los panes estén listos para hornear, coloque las bandejas para hornear en el horno. Rocía los panes con agua 4 o 5 veces y cierra la puerta.

l) Rocíe nuevamente después de 3 minutos de horneado y nuevamente después de otros 3 minutos, trabajando rápidamente para no perder calor del horno. Hornee durante 18 a 20 minutos en total, hasta que los panes tengan un color dorado intenso, girando la posición de las bandejas a la mitad de la cocción para que se doren uniformemente.

m) Retire las bandejas del horno y déjelas enfriar un poco.

n) Rocíe con aceite de oliva y espolvoree con sal antes de servir.

52. Fougasse à l'Ail

INGREDIENTES:
- 2 tazas de harina para pan
- 1 cucharada grande de levadura
- 1½ taza de agua tibia
- Sal marina para decorar
- 1½ kilogramos de harina
- 1½ cucharada de sal
- 100 ml de aceite de oliva
- 1 cucharada de levadura
- 1 cucharada de ajo fresco picado
- 1 taza de agua tibia; (aprox.)

INSTRUCCIONES:

a) Para hacer la masa madre, mezcle la harina, la levadura y el agua hasta que la mezcla parezca una masa semiespesa. Déjelo reposar cubierto en un recipiente no reactivo hasta por 3 días para desarrollar deliciosos sabores maduros.

b) Mezcla la masa madre, la harina, la sal, la levadura, el ajo y la mitad del aceite con aproximadamente 1 taza de agua tibia para hacer una masa suave.

c) Amasar sobre una superficie enharinada hasta que la masa esté suave como la seda, agregando harina según sea necesario hasta que la masa ya no esté pegajosa.

d) Deje que la masa suba en un recipiente engrasado hasta que se doble, aproximadamente 2 horas.

e) Divida la masa en 6 u 8 trozos y déle formas ovaladas de unos 2 cm. grueso. Con un cuchillo afilado, haga cortes diagonales en la masa y luego estire suavemente para abrir los agujeros. Unte con aceite aromatizado de su elección y espolvoree con sal marina.

f) Deje reposar durante 20 minutos y luego hornee a 225c. durante 15-20 minutos, rociando con agua dos veces durante el horneado.

g) Retirar del horno y untar una vez más con aceite de oliva.

53. Fougasse Au Romarin

INGREDIENTES:
- ½ lote de pan crujiente
- 3 cucharadas de romero fresco, picado

INSTRUCCIONES:

a) Mezclar la masa.

b) Después de que la masa haya subido por primera vez durante 1½ a 2 horas, se le puede dar forma de fougasse. Coloque la masa sobre una superficie ligeramente enharinada y déle palmaditas hasta formar un rectángulo largo y estrecho. Espolvorea una capa de romero picado sobre la superficie de la masa con cuidado de cubrir también los bordes.

c) Doble la masa en tercios como una carta comercial, el tercio superior sobre el centro de la masa, luego el tercio inferior sobre ese, superponiendo completamente los dos. Presione bien los 3 lados abiertos de la fougasse para cerrarla.

d) Cubra bien el pan con film transparente y déjelo crecer hasta que duplique su volumen, aproximadamente de 1 a 2 horas.

e) Treinta minutos antes de hornear, precaliente el horno a 475 grados F. Coloque una piedra para hornear en el horno para precalentar y coloque una rejilla justo debajo de la piedra.

f) Espolvorea generosamente una cáscara o una bandeja para hornear al revés con harina de maíz y coloca la fougasse encima, estirándola ligeramente para formar un cuadrado.

g) Corta un patrón decorativo, como una hoja o una escalera, en la masa con un cortador de masa. Extiende y estira el pan hasta que los cortes formen grandes aberturas.

h) Asegúrese de que la fougasse se haya despegado de la cáscara y luego deslícela con cuidado sobre la piedra para hornear. Con un rociador de plantas, rocíe rápidamente el pan con agua de 8 a 10 veces y luego cierre rápidamente la puerta del horno. Rocíe nuevamente después de 1 minuto. Luego rocíe nuevamente 1 minuto después.

i) Hornee durante unos 10 minutos, luego reduzca la temperatura a 450 grados y hornee 15 minutos más o hasta que el pan suene ligeramente hueco al golpearlo en el fondo y la corteza tenga un color marrón medio a oscuro.

j) Transfiera el pan a una rejilla para que se enfríe durante al menos 30 minutos antes de servir.

54. Dolor de campaña

INGREDIENTES:
- ¼ de taza de masa madre o paté fermentado (aquí)
- 1¼ tazas de agua, a temperatura ambiente
- 2¾ tazas más 1 cucharada de harina para pan (o harina T55)
- ⅔ taza de harina de centeno (o harina T170)
- 1 cucharada de sal kosher

INSTRUCCIONES:

a) Haga la masa: en un tazón mediano, mezcle la masa madre, el agua, la harina para pan y la harina de centeno. Agrega la sal y revuelve hasta que se forme una masa peluda.

b) Coloque la masa en una mesa limpia y amase durante 8 a 10 minutos hasta que quede suave, elástica y flexible. Si estás amasando a mano, resiste la tentación de agregar más harina; La masa naturalmente se volverá menos pegajosa a medida que la trabajes.

c) Estirar la masa para comprobar el correcto desarrollo del gluten. Si se rompe demasiado rápido y tiene una textura áspera, continúe amasando hasta obtener una textura suave y flexible.

d) Si amasas a mano, regresa la masa al bol. Cubrir con una toalla y dejar reposar de 1 a 3 horas o hasta que duplique su tamaño.

e) Enharina un banneton o un bol forrado con una toalla. Enharine ligeramente su mesa y use un raspador de plástico para soltar la masa del tazón.

f) Con las yemas de los dedos, tire de los bordes de la masa hacia adentro, trabajando alrededor de la masa en el sentido de las agujas del reloj hasta que todos los bordes estén doblados hacia el centro. Pellizca ligeramente para que se adhiera. Deberías ver los pliegues de masa reuniéndose en el centro, creando una costura. Dale la vuelta a la masa.

g) Enharine la parte superior lisa de la masa y coloque la ronda, con la costura hacia arriba, en la canasta preparada. Para un pan con un patrón anillado, retire el revestimiento de la canasta de fermentación y enharine antes de colocar la masa dentro.

h) Cubrir con una toalla y dejar reposar durante 1 a 1½ horas hasta que tenga una textura ligera y duplique su volumen. Si empujas la masa, debería saltar ligeramente hacia atrás, dejando una marca.

i) Después de 30 minutos de fermentación, precaliente el horno a 475 °F con una piedra para hornear, una bandeja para hornear o una olla (con su tapa) adentro para calentar mientras el horno se calienta.

j) Cuando el pan esté listo para hornear, voltéelo suavemente sobre un cuadrado de papel pergamino de 10 a 12 pulgadas. Sostenga un cojo a 90 grados y, con movimientos rápidos y ligeros, marque una X grande en el centro del pan, de ¼ de pulgada de profundidad.

k) Si usa una bandeja para hornear, voltee el pan fermentado sobre una bandeja para hornear forrada con papel pergamino y colóquelo en el horno precalentado. Si usa una piedra para hornear, deslice el papel pergamino con el pan sobre la parte posterior de una bandeja para hornear, luego desde la bandeja para hornear sobre la piedra para hornear calentada en el horno.

l) Reduzca la temperatura del horno a 450°F, rocíe el pan con agua 4 o 5 veces y cierre la puerta. Rocíe nuevamente después de 3 minutos de horneado, luego nuevamente después de otros 3 minutos, trabajando rápidamente cada vez para no perder calor del horno.

m) Hornee durante 25 a 30 minutos en total, hasta que la corteza esté dorada y una sonda de temperatura insertada en el centro del pan registre aproximadamente 205 °F. Utilice el papel pergamino para sacar el pan del horno y colocarlo en una rejilla para enfriar.

n) Si usa una olla o cocotte: retire la olla del horno, destape y baje el pan usando el papel pergamino.

o) Cubra y hornee por 20 minutos, luego retire la tapa y hornee por 10 a 15 minutos más hasta que el pan esté dorado intenso. Utilice los bordes del papel pergamino como un cabestrillo para sacar el pan de la olla y colocarlo en una rejilla para enfriar. (No es necesario rociar panes hechos en una olla o cocotte, ya que la olla cerrada permite que el pan se cocine al vapor).

p) Deje reposar el pan durante 15 a 20 minutos antes de cortarlo.

55.Bola de dolor

INGREDIENTES:
- 1½ tazas de agua, a temperatura ambiente, divididas
- 2 cucharaditas de levadura instantánea, cantidad dividida
- 3¾ tazas de harina para pan (o harina T55), cantidad dividida
- ¼ de taza de harina integral (o harina T150)
- 1 cucharada de sal kosher

INSTRUCCIONES:
HACER UNA PISCINA:
a) En un bol, mezcle ¾ de taza más 2 cucharadas de agua con una pizca de levadura. Agrega 1¾ tazas de harina para pan. Revuelva hasta que se forme una pasta suave. Cubra con una toalla y déjelo reposar de 2 a 4 horas a temperatura ambiente o refrigérelo durante la noche. Debería duplicar su tamaño.

HACER LA MASA:
b) Agregue los ⅔ de taza de agua restantes y la levadura restante al poolish, usando los dedos para dividir la masa en el líquido. Agregue las 2 tazas restantes de harina para pan, la harina integral y la sal, y mezcle hasta que se forme una masa peluda, aproximadamente 1 minuto. Coloque la masa en una mesa limpia y amase durante 8 a 10 minutos hasta que esté suave, elástica y flexible. Si estás amasando a mano, resiste la tentación de agregar más harina; La masa naturalmente se volverá menos pegajosa a medida que la trabajes.

c) Estirar la masa para comprobar el correcto desarrollo del gluten. Si se rompe demasiado rápido y se siente áspero, continúa amasando hasta que quede suave y flexible.

d) Si amasas a mano, regresa la masa al bol. Cubrir con una toalla y dejar reposar durante 1 hora o hasta que duplique su tamaño.

e) Dar forma y hornear: Enharinar una cesta para dar forma a banneton o un bol forrado con una toalla. Enharine ligeramente su mesa y use un raspador de plástico para soltar la masa del tazón.

f) Con las yemas de los dedos, tire de los bordes de la masa hacia adentro, trabajando alrededor de la masa en el sentido de las agujas del reloj hasta que todos los bordes estén doblados hacia el centro. Pellizca ligeramente para que se adhiera. Deberías ver los pliegues de masa reuniéndose en el centro, creando una costura.

g) Dale la vuelta a la masa. Coloque ambas manos alrededor de la base y, usando el agarre de la mesa, tire de la ronda hacia usted, girándola a medida que avanza, para apretar la costura. Enharine la parte superior lisa y coloque la ronda, con la costura hacia arriba, en la canasta o tazón preparado.

h) Cubrir con una toalla y dejar reposar durante 1 a 1½ horas, hasta que tenga una textura ligera y duplique su volumen. Si empujas la masa, debería saltar ligeramente hacia atrás, dejando una marca. Después de 30 minutos de prueba,

i) Precaliente el horno a 475 °F con una piedra para hornear, una bandeja para hornear o una olla en el interior para calentarlo a medida que se calienta el horno.

j) Cuando el pan esté listo para hornear, voltéelo suavemente sobre un cuadrado de papel pergamino de 10 a 12 pulgadas. Utilice una coja o una navaja para marcar decorativamente, utilizando movimientos rápidos y ligeros.

k) Deslice el pan leudado sobre el papel pergamino sobre una bandeja para hornear y póngalo en el horno precalentado. Si usa una piedra para hornear, deslice el papel pergamino con el pan sobre la parte posterior de una bandeja para hornear, luego desde la bandeja para hornear sobre la piedra para hornear calentada en el horno. (Si usa un horno holandés, salte al paso 12).

l) Reduzca la temperatura del horno a 450°F, rocíe el pan con agua 4 o 5 veces y cierre la puerta. Rocíe nuevamente después de 3 minutos de horneado y nuevamente después de otros 3 minutos, trabajando rápidamente cada vez para no perder calor del horno. Hornee durante 25 a 30 minutos en total hasta que la corteza tenga un color marrón dorado intenso y una sonda de temperatura insertada en el centro del pan registre aproximadamente 200 °F. (Me gusta verificar la temperatura insertando la sonda en el costado del pan, en lugar de en la parte superior, para que el orificio sea discreto). Deslice el pan sobre una rejilla para enfriar.

m) Si está usando un horno holandés, retire la olla del horno, destape y baje el pan hacia adentro usando el papel pergamino.

Cubra y hornee por 20 minutos, luego retire la tapa y hornee por 10 a 15 minutos más hasta que el pan tenga un color dorado intenso y la temperatura registre aproximadamente 200 °F. Utilice los bordes del papel pergamino como un cabestrillo para sacar el pan de la olla y colocarlo en una rejilla para enfriar.

n) Deje que el pan se enfríe durante 15 a 20 minutos antes de cortarlo.

56.La pequeña bola de dolor

INGREDIENTES:
- 7 tazas de harina de pan
- ¾ taza de Harina Roja Dura
- ¾ taza de harina de espelta
- 2¾ taza de agua
- 1 ¾ cucharada de sal
- 1 ½ cucharadita de levadura
- 2 ½ cucharadita de azúcar
- ⅓ taza de semillas de linaza, sésamo o calabaza

INSTRUCCIONES:

a) Primero hay que empezar con la levadura, para ello se utiliza un vaso medidor alto idealmente donde se pone el azúcar y la levadura deshidratada, pobre en 65 ºC y se mezcla con una cuchara hasta que se disuelva todo, luego se deja reposar. durante 10 minutos hasta que quede así.

b) Pesa la harina y la sal y colócalas sobre la encimera, ten cuidado de tener aproximadamente la misma cantidad en todas partes, ya que vas a empobrecer el líquido del interior y no querrás que haya una abertura en ninguna parte, de lo contrario tendrás problemas.

c) Mezclar con los dedos haciendo círculos incorporando poco a poco la harina a un lado hasta tener una masa bonita.

d) Una vez que tengas una buena masa, conviene trabajarla durante 5 minutos con la mano, intentando que se desarrolle el gluten del interior. Al final, agrega el grano de tu elección.

e) Una vez que hayas hecho esto, deja fermentar la masa en un recipiente cubierto con una toalla húmeda durante 2 a 3 horas en el horno.

f) No tienes cámara de fermentación, entonces es muy simple, usa tu horno a gas o eléctrico, coloca un recipiente con agua tibia en el fondo y enciende tu horno a cualquier temperatura durante unos 3 minutos y apágalo.

g) Una vez que esté fermentado, colóquelo en la encimera con muy poca cantidad de harina y no lo amase, simplemente aplánelo y doble la masa, debe quedar bastante elástica, así que tome un extremo, el extremo norte de la masa y llévelo hacia hacia el Sur, haz lo mismo con todas las esquinas un par de veces, luego dale la vuelta y redondea la "pecha".

h) El plegado es lo que le va a dar al pan el poder de leudar. Una vez que le hayas dado la vuelta, déjalo reposar una vez más a temperatura ambiente en la encimera durante aproximadamente una hora con una toalla mojada.

i) Justo antes de la hora, calienta tu horno a 225 ºC y colócalo en tu sartén de hierro fundido o en una olla pesada apta para horno con tapa hermética sin tapas, necesitarás la tapa una vez que el pan esté dentro.

j) Marque la parte superior dos veces con una hoja de afeitar o un cuchillo afilado y enharine la parte superior (eso le dará una textura hermosa en la parte superior) luego, con la mano, agarre la masa y colóquela en su olla pesada para horno con la tapa puesta durante aproximadamente 20 minutos.

k) Pasados esos primeros 20 minutos bajamos la temperatura a 200 ºC y horneamos de nuevo otros 20 minutos sin tapa.

l) Pasados esos 40 minutos, sácalo del horno, sácalo de la olla, déjalo enfriar sobre una rejilla y ahí lo tienes.

m) Para conservar tu pan un poco más de tiempo, tienes un par de opciones, después de un día, puedes cortarlo y congelarlo, en un zip lock o puedes mantenerlo entero como está pero debes envolverlo en un toalla cada vez que termines de usarla. Durará 3 días así.

n) Si te gustan los panes un poco menos densos, duplica la levadura y deja reposar la masa más tiempo. En nuestra familia nos gusta el pan denso :-)

57. dolor completo

INGREDIENTES:
- ¾ taza de agua, a temperatura ambiente, cantidad dividida
- 2 cucharadas de miel
- 1½ cucharaditas de levadura instantánea, dividida
- 2¼ tazas de harina integral (o harina T150), cantidad dividida
- 1½ cucharaditas de sal kosher

INSTRUCCIONES:

a) Haga un poolish: en un tazón mediano, mezcle ½ taza de agua, la miel y una pizca de levadura, luego 1 taza de harina. Revuelva hasta que se forme una pasta espesa. Cubra con una toalla y déjelo reposar de 2 a 4 horas a temperatura ambiente o refrigérelo durante la noche. Debería duplicar su tamaño.

b) Haga la masa: agregue el ¼ de taza restante de agua y la levadura restante al prefermento, usando los dedos para dividir la masa en el líquido. Agregue las 1¼ tazas restantes de harina y la sal, y mezcle hasta que se forme una masa peluda, aproximadamente 1 minuto. Coloque la masa en una mesa limpia y amase durante 8 a 10 minutos (o transfiérala a una batidora y amase durante 6 a 8 minutos a velocidad baja) hasta que quede suave, elástica y flexible. Si estás amasando a mano, resiste la tentación de agregar más harina; La masa naturalmente se volverá menos pegajosa a medida que la trabajes. Si amasas a mano, regresa la masa al bol. Cúbrelo con una toalla y déjalo reposar durante 1 hora o hasta que duplique su tamaño.

c) Dar forma y hornear: enharine ligeramente la mesa y use un raspador de plástico para soltar la masa del tazón.

d) Con las yemas de los dedos, tire de los bordes de la masa hacia adentro, trabajando alrededor de la masa en el sentido de las agujas del reloj hasta que todos los bordes estén doblados hacia el centro. Pellizca ligeramente para que se adhiera.

e) Deberías ver los pliegues de masa reuniéndose en el centro, creando una costura.

f) Dale la vuelta a la masa. Coloque ambas manos alrededor de la base y, usando el agarre de la mesa, tire de la ronda hacia usted, girándola a medida que avanza, para apretar la costura. Cubrir con una toalla y dejar reposar de 5 a 10 minutos.

g) Utilice las yemas de los dedos para presionar suavemente la ronda hasta formar un óvalo rugoso. Dobla el tercio superior de la masa hacia ti y presiona ligeramente a lo largo de la costura para que se adhiera. Vuelva a enrollar la masa sobre sí misma hacia usted para crear un tronco, usando la palma de la mano o las yemas de los dedos para sellar la costura. Asegúrate de que tu banco esté ligeramente enharinado. No querrás ejercer demasiada presión sobre la masa, pero tampoco querrás que la masa se deslice en lugar de rodar. Si la masa se desliza, retira el exceso de harina y moja tus manos ligeramente.

h) Voltee suavemente la masa para que la costura quede en la parte inferior y use las manos para mover los extremos del pan hacia adelante y hacia atrás para crear una forma de pelota de fútbol.

i) Luego, mueva las manos desde el centro del pan hacia los bordes para alargarlo ligeramente hasta aproximadamente 8 pulgadas de largo. Transfiera a una bandeja para hornear forrada con papel pergamino.

j) Cubre la masa con una toalla y déjala reposar durante aproximadamente 1 hora, hasta que tenga una textura de malvavisco. Si empujas la masa, debería saltar ligeramente hacia atrás, dejando una marca. Después de 30 minutos de fermentación, precalienta el horno a 450°F.

k) Cuando el pan esté listo para hornear, sostenga un cojín en un ángulo de 30 grados y marque decorativamente, utilizando movimientos rápidos y ligeros para crear líneas diagonales paralelas a lo largo del pan.

l) Mete la bandeja para hornear en el horno, rocía el pan con agua 4 o 5 veces y cierra la puerta. Rocíe nuevamente después de 3 minutos de horneado y nuevamente después de otros 3 minutos, trabajando rápidamente para no perder calor del horno. Hornee durante 20 a 25 minutos en total, hasta que el pan tenga un color dorado intenso y la temperatura interna registre aproximadamente 200 °F.

m) Transfiera el pan a una rejilla para enfriar durante 15 a 20 minutos antes de cortarlo.

58. Dolor Aux Noix

INGREDIENTES:
- 1½ tazas de agua, a temperatura ambiente
- 3 cucharadas de miel
- 2 cucharaditas de levadura instantánea
- 2⅔ tazas de harina integral (o harina T150)
- 1½ tazas de harina para pan (o harina T55)
- 1 cucharada de sal kosher
- 1½ tazas de nueces picadas en trozos grandes

INSTRUCCIONES:

a)   Haga la masa: en un tazón mediano, mezcle el agua, la miel y la levadura. Añade las harinas integral y panificable y la sal. Revuelva hasta que se forme una masa peluda. Coloque la masa en una mesa limpia y amase durante 8 a 10 minutos (o transfiérala a una batidora y amase durante 6 a 8 minutos a velocidad baja) hasta que quede suave, elástica y flexible. Estirar la masa para comprobar el correcto desarrollo del gluten. Si se rompe demasiado rápido y se siente áspero, continúa amasando hasta que quede suave y flexible. Amasar las nueces.

b)   Si amasas a mano, regresa la masa al bol. Cubrir con una toalla y dejar reposar durante 1 hora o hasta que duplique su tamaño. (Este tiempo variará dependiendo de la temperatura de su cocina).

c)   Enharine ligeramente su mesa y use un raspador de plástico para soltar la masa del tazón. Divide la masa en dos, usando una balanza para asegurar pesos iguales, si tienes una.

d)   Con las yemas de los dedos, tire de los bordes de un trozo de masa hacia adentro, trabajando alrededor de la masa en el sentido de las agujas del reloj hasta que todos los bordes estén doblados hacia el centro. Pellizca ligeramente para que se adhiera. Deberías ver los pliegues de masa reuniéndose en el centro, creando una costura. (Tenga cuidado de no amasar la masa ni desinflarla demasiado agresivamente). Voltee la masa. Coloque ambas manos alrededor de la base y, usando el agarre de la mesa, tire de la ronda hacia usted, girándola a medida que avanza, para apretar la costura. Repita con la ronda restante. Cubrir con una toalla y dejar reposar de 5 a 10 minutos.

e)   Trabajando con una ronda a la vez, presiónela suavemente hasta formar un óvalo rugoso. Dobla el tercio superior de la masa hacia ti y presiona ligeramente a lo largo de la costura para que se adhiera. Enrolle la masa sobre sí misma nuevamente hacia usted para crear un tronco, usando la palma de su mano o las yemas de sus dedos para sellar la costura. Asegúrate de que tu banco esté ligeramente enharinado. No querrás ejercer demasiada presión sobre la masa, pero tampoco querrás que se deslice en lugar de rodar. Si la masa se desliza, retira el exceso de harina y moja tus manos ligeramente.

f) Voltee suavemente la masa para que la costura quede en la parte inferior y use las manos para mover los extremos del pan hacia adelante y hacia atrás para crear una forma de pelota de fútbol.

g) Luego, mueva las manos desde el centro de cada pan hacia los bordes para alargarlos ligeramente, hasta que midan entre 8 y 10 pulgadas de largo. Transfiera ambos panes a una bandeja para hornear forrada con papel pergamino, separándolos al menos a unos centímetros de distancia.

h) Cubra con una toalla y déjelo reposar durante aproximadamente 1 hora o hasta que tenga una textura de malvavisco. Si empujas la masa, debería saltar ligeramente hacia atrás, dejando una marca. Después de 30 minutos de fermentación, precalienta el horno a 450°F.

i) Cuando los panes estén listos para hornear, sostenga un cojo en un ángulo de 30 grados y marque decorativamente, usando movimientos rápidos y ligeros para crear 2 o 3 líneas diagonales paralelas a lo largo del pan.

j) Mete la bandeja para hornear en el horno, rocía con agua 4 o 5 veces y cierra la puerta. Rocíe nuevamente después de 3 minutos de horneado y nuevamente después de otros 3 minutos, trabajando rápidamente para no perder calor del horno. Hornee durante 20 a 25 minutos en total, hasta que los panes tengan un color dorado intenso y la temperatura interna registre aproximadamente 190 °F.

k) Transfiera los panes a una rejilla para enfriar durante 15 a 20 minutos antes de cortarlos.

59.gibassier

INGREDIENTES:
- 4 tazas de harina
- 10 g de levadura o bicarbonato
- 150 g de azúcar rubia en polvo
- 130 g de aceite de oliva
- 130 g de vino blanco tibio
- 1 pizca de sal
- 1 taza de anís verde rallado
- 4 cl de flor de naranjo

INSTRUCCIONES:
a) Disolver la levadura en un recipiente con un poco de agua tibia.
b) Agrega 500 g de harina y cava una fuente en ella.
c) Añade en el centro 130 g de aceite de oliva, 150 g de azúcar, 1 pizca de sal y 1 cucharada y anís verde rallado.
d) Agrega la levadura, la flor de naranjo y mezcla bien la masa.
e) Agrega poco a poco el vino blanco tibio hasta obtener una pasta suave.
f) Dividir la masa y formar 2 trozos pequeños de masa.
g) Estirar cada trozo de masa hasta formar una pequeña torta de 1 cm de grosor. Colócalas en una bandeja de horno forrada con papel pergamino, haz 5 cortes con un rodillo o un cuchillo y déjalas reposar toda la noche en el horno.
h) Al día siguiente, precalienta el horno a 180°C, espolvorea con azúcar rubia de caña y hornea de 25 a 30 minutos.

60.dolor au hijo

INGREDIENTES:
- 10 g de levadura de panadería fresca
- 150 gramos de salvado
- 250 g de harina de espelta
- 50 g de harina de centeno
- 1 taza de sal

INSTRUCCIONES:

a) En un bol, remojar 100 g de salvado en 2 dl de agua durante 1 hora y luego escurrir.

b) En otro bol verter las 2 harinas y hacer una fuente. Vierta la levadura desmenuzada, la sal y luego la mezcla de salvado.

c) Amasar todo durante 10 a 15 minutos hasta que se forme una masa consistente. Cubrir el bol con un paño húmedo y dejar reposar en un lugar cálido y alejado de corrientes de aire durante 1h30 aproximadamente.

d) Amasar la masa durante unos diez minutos sobre una superficie de trabajo enharinada y luego darle forma de hogaza alargada.

e) Precalentar el horno a 180°C (th.6).

f) Engrasa un molde grande y fórralo con el resto del salvado.

g) Dividir la masa en el molde y dejar reposar otros 30 minutos.

h) Hornea el pan durante unos 50 minutos.

i) Dejar enfriar. Desmoldar.

61. Faluche

INGREDIENTES:
- 4 tazas de harina para todo uso
- 10 g de sal
- 10 g de azúcar
- 10 g de levadura seca activa
- 300ml de agua tibia
- 2 cucharadas de aceite de oliva

INSTRUCCIONES:

a) Prepara la mezcla de levadura: En un tazón pequeño, disuelve el azúcar y la levadura en agua tibia. Déjalo reposar durante 5 minutos hasta que esté espumoso.

b) Mezcle los ingredientes secos. En un tazón grande, combine la harina y la sal.

c) Formar la masa: Hacer un hueco en el centro de los ingredientes secos y verter la mezcla de levadura y el aceite de oliva. Incorpora poco a poco la harina a los ingredientes húmedos hasta que se forme una masa.

d) Amasar la masa: Transfiera la masa a una superficie enharinada y amase durante 10 minutos hasta que quede suave y elástica.

e) Deje que la masa suba: Coloque la masa en un recipiente ligeramente engrasado, cúbrala con un paño de cocina húmedo y déjela reposar en un lugar cálido durante 1 a 2 horas hasta que duplique su tamaño.

f) Precalentar y darle forma: Precalienta el horno a 220 °C (425 °F) y coloca una piedra para hornear o una bandeja para hornear adentro para precalentar también. Una vez que la masa haya subido, golpéala suavemente y dale forma de pan redondo u ovalado.

g) Subida final: Transfiera la masa moldeada a un trozo de papel pergamino. Cúbrelo con un paño de cocina húmedo y déjalo reposar durante 15 minutos.

h) Hornear: Transfiera con cuidado el papel pergamino con la masa a la piedra para hornear precalentada o a la bandeja para hornear. Hornee durante 15 a 20 minutos hasta que la faluche se dore y suene hueca cuando se golpea en el fondo.

i) Enfriar y disfrutar: Sacar la faluche del horno y dejar enfriar sobre una rejilla. Una vez enfriado, córtelo y sirva como desee.

62.Dolor De Seigle

INGREDIENTES:
- 1 ¾ tazas de harina de centeno
- 2 tazas de harina para pan
- 2 cucharaditas de sal
- 2 cucharaditas de azúcar
- 2 ¼ cucharaditas de levadura seca activa
- 1 ⅓ tazas de agua tibia

INSTRUCCIONES:

a) En un tazón grande, combine la harina de centeno, la harina para pan, la sal y el azúcar. Mezclar bien para distribuir los ingredientes uniformemente.

b) En un tazón pequeño, disuelva la levadura en agua tibia. Déjelo reposar durante unos 5 minutos hasta que esté espumoso.

c) Vierta la mezcla de levadura en el bol con los ingredientes secos. Revuelve la mezcla con una cuchara de madera o con las manos hasta que se forme una masa pegajosa.

d) Transfiera la masa a una superficie enharinada y amase durante unos 8-10 minutos hasta que quede suave y elástica. Agregue harina adicional si es necesario para evitar que se pegue, pero tenga cuidado de no agregar demasiada.

e) Coloca la masa en un bol ligeramente engrasado y cúbrela con un paño de cocina limpio o film transparente. Déjelo reposar en un lugar cálido y sin corrientes de aire durante aproximadamente 1 a 1 ½ horas, o hasta que duplique su tamaño.

f) Una vez que la masa haya subido, desinfle suavemente presionando con las yemas de los dedos. Forme una hogaza redonda con la masa o colóquela en un molde para pan engrasado.

g) Cubre la masa sin apretar con un paño de cocina y déjala reposar durante otros 30-45 minutos, o hasta que se hinche un poco.

h) Mientras tanto, precalienta tu horno a 220°C (425°F). Si usa una piedra para hornear, colóquela en el horno mientras se precalienta.

i) Una vez que la masa haya terminado de crecer, retira la toalla y transfiere el pan a una bandeja para hornear o directamente sobre la piedra para hornear precalentada.

j) Hornee el pan de seigle durante unos 35 a 40 minutos, o hasta que la corteza esté dorada y el pan suene hueco al golpearlo en la parte inferior.

k) Retire el pan del horno y déjelo enfriar sobre una rejilla antes de cortarlo y servirlo.

l) ¡Disfruta de tu dolor de seigle casero, con su rico sabor y textura satisfactoria!

63. miche

INGREDIENTES:
- 4 tazas de harina para pan
- ¾ taza de harina integral
- 2 cucharaditas de sal
- 2 ¼ cucharaditas de levadura seca activa
- 1 ½ tazas de agua tibia

INSTRUCCIONES:

a) En un tazón grande, combine la harina para pan, la harina integral y la sal. Mezclar bien para distribuir los ingredientes uniformemente.

b) En un tazón pequeño, disuelva la levadura en agua tibia. Déjelo reposar durante unos 5 minutos hasta que esté espumoso.

c) Vierta la mezcla de levadura en el bol con los ingredientes secos. Revuelve la mezcla con una cuchara de madera o con las manos hasta que se forme una masa pegajosa.

d) Transfiera la masa a una superficie enharinada y amase durante unos 8-10 minutos hasta que quede suave y elástica. Agregue harina adicional si es necesario para evitar que se pegue, pero tenga cuidado de no agregar demasiada.

e) Coloca la masa en un bol ligeramente engrasado y cúbrela con un paño de cocina limpio o film transparente. Déjelo reposar en un lugar cálido y sin corrientes de aire durante aproximadamente 1 a 1 ½ horas, o hasta que duplique su tamaño.

f) Una vez que la masa haya subido, desinfle suavemente presionando con las yemas de los dedos. Forme una hogaza redonda con la masa metiendo los bordes hacia abajo y girándola con un movimiento circular.

g) Coloque el miche con forma en una bandeja para hornear forrada con papel pergamino. Cúbrelo sin apretar con un paño de cocina y déjalo reposar durante otros 30 a 45 minutos, o hasta que se hinche un poco.

h) Mientras tanto, precalienta el horno a 220 °C (425 °F) y coloca una cacerola poco profunda con agua caliente en la rejilla inferior. Esto creará vapor en el horno, lo que ayudará a lograr una corteza crujiente.

i) Una vez que el miche haya terminado de crecer, retira la toalla y transfiere con cuidado la bandeja para hornear al horno precalentado. Hornee durante unos 35-40 minutos o hasta que el pan esté dorado y suene hueco al golpearlo en la parte inferior.

j) Retira el miche del horno y déjalo enfriar sobre una rejilla antes de cortarlo y servirlo.

PAN ITALIANO

64. Grissini Alle Erbe

INGREDIENTES:
- 1 barra de pan francés (8 onzas)
- 1 cucharada de aceite de oliva
- 1 diente de ajo, partido por la mitad
- ¾ cucharadita de orégano seco
- ¾ cucharadita de albahaca seca
- ⅛ cucharadita de sal

INSTRUCCIONES:

a) Corta el pan por la mitad en forma transversal y corta cada trozo por la mitad en forma horizontal.

b) Unte el aceite de manera uniforme sobre los lados cortados del pan; frotar con ajo. Espolvorea orégano, albahaca y sal sobre el pan. Corta cada trozo de pan a lo largo en 3 palitos.

c) Coloque los palitos de pan en una bandeja para hornear; hornee a 300 grados durante 25 minutos o hasta que estén crujientes.

65. Panel Pugliese

INGREDIENTES:
- 4 tazas de harina para pan
- 1 ½ cucharaditas de levadura seca activa
- 2 tazas de agua tibia
- 2 cucharaditas de sal
- Aceite de oliva virgen extra (para engrasar)
- Harina de maíz (para espolvorear)

INSTRUCCIONES:

a) En un tazón pequeño, disuelva la levadura en ½ taza de agua tibia. Déjelo reposar durante unos 5 minutos o hasta que esté espumoso.

b) En un tazón grande, combine la harina para pan y la sal.

c) Haga un hueco en el centro de la mezcla de harina y vierta la mezcla de levadura y el agua tibia restante.

d) Revuelva los ingredientes hasta que se forme una masa rugosa.

e) Transfiera la masa a una superficie enharinada y amase durante unos 10 a 15 minutos, o hasta que quede suave y elástica. Agrega un poco más de harina si es necesario para evitar que se pegue.

f) Coloca la masa en un recipiente engrasado, cúbrela con un paño de cocina limpio y déjala reposar en un lugar cálido durante aproximadamente 1 a 2 horas, o hasta que duplique su tamaño.

g) Precalienta tu horno a 425°F (220°C). Si tienes una piedra para hornear, colócala en el horno para precalentar también.

h) Una vez que la masa haya subido, golpéala suavemente para liberar las burbujas de aire. Dale forma de pan redondo u ovalado.

i) Coloque el pan con forma en una bandeja para hornear o en una pala para pizza espolvoreada con harina de maíz. Esto evitará que el pan se pegue.

j) Cubra el pan con un paño de cocina limpio y déjelo reposar durante 30 a 45 minutos más, o hasta que se hinche un poco.

k) Con un cuchillo afilado, haga algunos cortes superficiales en la parte superior del pan. Esto ayudará a que el pan se expanda y cree una hermosa corteza.

l) Transfiera el pan a la piedra para hornear precalentada o directamente a la bandeja para hornear si no está usando una piedra.

m) Hornee el pan en el horno precalentado durante unos 30-35 minutos, o hasta que se dore y suene hueco al golpearlo en la parte inferior.

n) Una vez horneado, retiramos el Pan Pugliese del horno y lo dejamos enfriar sobre una rejilla.

66. Grissini

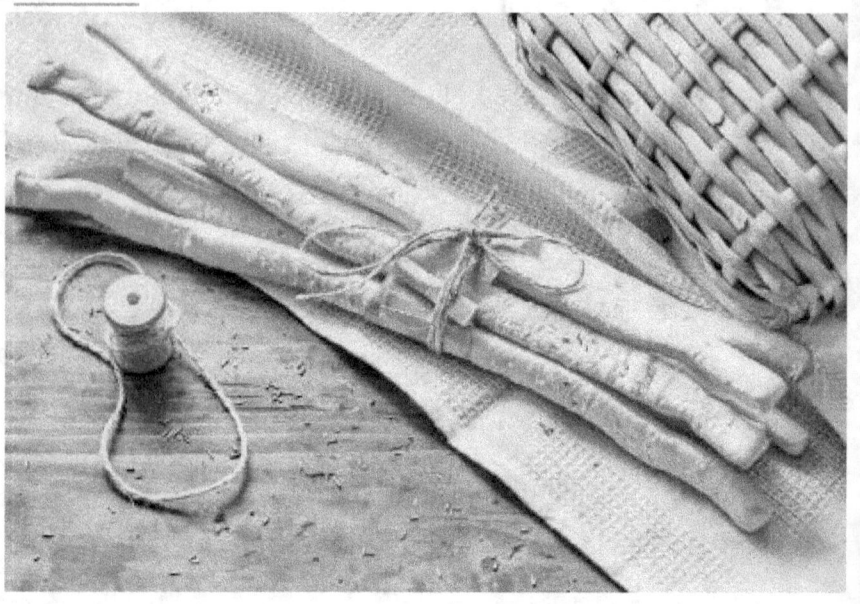

INGREDIENTES:
- 2 tazas de harina para pan
- 1 cucharadita de sal
- 1 cucharadita de azúcar
- 1 cucharada de aceite de oliva
- ¾ taza de agua tibia
- Opcional: semillas de sésamo o semillas de amapola para espolvorear

INSTRUCCIONES:

a) En un tazón, combine la harina para pan, la sal y el azúcar. Mezclar bien para distribuir los ingredientes uniformemente.

b) Haga un hueco en el centro de los ingredientes secos y vierta el aceite de oliva y el agua tibia.

c) Revuelve la mezcla con una cuchara de madera o con las manos hasta que se una para formar una masa.

d) Transfiera la masa a una superficie enharinada y amase durante unos 5-7 minutos hasta que quede suave y elástica.

e) Divide la masa en porciones más pequeñas. Tome una porción a la vez y extiéndala hasta darle forma de cuerda delgada, de aproximadamente ¼ de pulgada de diámetro.

f) Corta la masa extendida en palitos de 8 a 10 pulgadas de largo. Puede acortarlos o alargarlos según sus preferencias.

g) Coloque los palitos de grissini en una bandeja para hornear forrada con papel pergamino. Deje algo de espacio entre los palos para permitir que se expandan.

h) Si lo desea, puede untar los palitos de grissini con aceite de oliva y espolvorear semillas de sésamo o de amapola encima para darle más sabor y textura.

i) Precalienta tu horno a 400°F (200°C).

j) Deje que los palitos de grissini reposen y crezcan durante unos 15-20 minutos.

k) Hornea los grissini en el horno precalentado durante unos 15-20 minutos o hasta que estén dorados y crujientes.

l) Una vez horneados, saca los grissini del horno y déjalos enfriar sobre una rejilla.

67.Pan Pita

INGREDIENTES:
- 3 tazas de harina para todo uso sin blanquear
- 2 cucharaditas de levadura instantánea
- 2 cucharaditas de mejorador de masa Easy Roll
- 2 cucharaditas de azúcar granulada
- 1 ½ cucharaditas de sal
- 1 taza de agua
- 2 cucharadas de aceite vegetal

INSTRUCCIONES:
a) Pesa tu harina; O colóquelo suavemente en una taza y luego retire el exceso. Combine la harina con el resto de los ingredientes, mezclando hasta formar una masa peluda/áspera.

b) Amasar la masa, a mano (10 minutos), con batidora (5 minutos) o con una máquina de hacer pan (programada en el ciclo de masa) hasta que quede suave.

c) Coloca la masa en un bol ligeramente engrasado y déjala reposar durante 1 hora; se volverá bastante hinchado, aunque es posible que no duplique su volumen. Si ha utilizado una máquina de hacer pan, simplemente deje que la máquina complete su ciclo.

d) Coloca la masa sobre una superficie de trabajo ligeramente engrasada y divídela en 8 trozos.

68.Panel Al Farro

INGREDIENTES:
- 500 gramos de harina
- 300 gr de harina de espelta (integral)
- 350ml de agua
- 25 gr de aceite de oliva (virgen extra)
- 20 g de levadura de cerveza (fresca)
- 20 gramos de sal
- 1 cucharadita de malta de cebada (opcional)
- 100 gr de semillas (mixtas)

INSTRUCCIONES:
a) Para preparar el pan de espelta, empezamos disolviendo la levadura de cerveza desmenuzada en un poco de agua a temperatura ambiente.

b) Pon en un bol las dos harinas y la malta de cebada y mezcla los ingredientes secos. Luego agrega el agua en la que disolviste la levadura y el aceite de oliva.

c) Agrega más agua; Te aconsejo que no añadas el agua de una vez, puede que no sea necesario ya que aún puede tardar un poco, depende de la absorción de la harina que estés utilizando. Luego empieza a trabajar la masa con el gancho de una batidora planetaria y ajusta añadiendo agua, tendrás que obtener una masa compacta (más compacta que la de la pizza, por así decirlo). Al final del procesamiento agregar la sal y amasar nuevamente. Finalmente agrega las semillas mezcladas y trabaja nuevamente para distribuirlas bien en la masa.

d) Completa el amasado a mano sobre una tabla de repostería y dale forma esférica a la masa, colócala en un bol grande engrasado, cúbrela con film transparente y déjala reposar en un lugar cálido y resguardado (el horno apagado con la luz encendida servirá).). Déjelo reposar durante al menos 3-4 horas o hasta que duplique su tamaño.

e) Una vez leudada coger nuevamente la masa, desinflarla y pasarla sobre una tabla de repostería, aplanarla y hacer 3 pliegues, doblarla como un libro le dará más impulso a la segunda levadura.

Ahora dispone el pan sobre una hoja de papel pergamino, con el cierre hacia abajo, y colócalo en un cestillo para que suba en altura.

f)   Pasada una hora el pan habrá subido, calienta el horno a 240° con la bandeja de horno dentro. Cuando haya alcanzado la temperatura adecuada, coloca el pan (con todo el papel pergamino) directamente sobre la bandeja que precalentaste en el horno y cocina el pan en el estante más bajo.

g)   Para obtener el efecto de corteza crujiente, hornear el pan a 240° durante 15 minutos, luego bajar la temperatura a 180° y continuar cocinando por otros 30 minutos, finalmente subirlo nuevamente a 200° por 10 minutos. Cuando el pan esté listo, sácalo del horno y pásalo a una rejilla para que se enfríe.

h)   Atender

69. Focaccia

INGREDIENTES:
- 2¼ cucharadita de levadura seca activa
- 3 tazas de harina para pan
- ½ cucharadita de sal
- ½ cucharadita de azúcar
- 1 taza de agua; más
- 2 cucharadas de agua
- 1 cucharada de aceite de oliva
- 2 cucharadas de aceite de oliva virgen extra
- 2 cucharaditas de sal gruesa
- Pimienta negra recién molida

INSTRUCCIONES:
PROCEDIMIENTO DE LA MÁQUINA

a) Agregue los ingredientes, excepto los aderezos, en el orden especificado en el manual del propietario de su máquina de hacer pan. Coloque la máquina de hacer pan en la posición de masa/manual. Al final del programa, presione borrar/detener. Para perforar la masa, presione inicio y deje amasar durante 60 segundos. Presione borrar/detener nuevamente. Retire la masa y déjela reposar 5 minutos antes de darle forma a mano.

b) Si su máquina de hacer pan no tiene una configuración de masa/manual, siga el procedimiento normal de elaboración de pan, pero deje amasar la masa solo una vez. Al final del ciclo de amasado, presione borrar/parar. Deje que la masa suba durante 60 minutos, verificando después de los primeros 30 minutos para asegurarse de que la masa no suba demasiado y toque la tapa. Presione inicio y deje que la máquina funcione durante 60 segundos para perforar la masa.

c) Presione borrar/detener nuevamente. Retire la masa y déjela reposar 5 minutos antes de darle forma a mano.

TÉCNICA DE FORMACIÓN DE MANO:

d) Espolvorea las manos con harina. Con las yemas de los dedos, extienda la masa uniformemente en un molde para hornear de 13 X 9 X 1 pulgadas ligeramente engrasado. Cubrir con un paño de cocina limpio.

e) Deje crecer hasta que duplique su altura, aproximadamente de 30 a 60 minutos.

f) Precalienta el horno a 400F.

g) Haga ligeras hendiduras con las yemas de los dedos en la superficie de la masa leudada. Unte con aceite de oliva virgen extra y espolvoree con sal gruesa y pimienta negra.

h) Hornee en la rejilla inferior del horno durante aproximadamente 30 a 35 minutos, o hasta que estén dorados. Dejar enfriar en el molde.

i) Cortar en doce trozos iguales y servir a temperatura ambiente.

70.Focaccia Di Mele

INGREDIENTES:
MASA:
- 1 manzana pequeña, sin corazón y en cuartos
- 2 tazas de harina blanca sin blanquear
- ¼ cucharadita de canela
- 1 cucharada de azúcar o 2 t de miel
- 1 escasa levadura de crecimiento rápido
- ¼ cucharadita de sal
- ⅓ a ½ taza de agua caliente del grifo
- ⅓ taza de pasas

RELLENO:
- 4 manzanas medianas
- Jugo de ½ limón
- Una pizca de pimienta blanca
- Pellizcar clavos
- Una pizca de cardamomo
- Nuez moscada pizca
- Una pizca de jengibre molido
- 1 cucharadita de extracto de vainilla
- ⅓ taza de azúcar o miel
- ½ taza de azúcar moreno o
- 2 cucharadas de melaza
- 1 cucharadita de maicena

VIDRIAR:
- 2 cucharadas de mermelada o confitura de albaricoque
- 1 cucharadita de agua

INSTRUCCIONES:
MASA:
a) Procese la manzana cortada en cuartos en un procesador de alimentos durante unos 20 segundos; transfiéralo a un recipiente aparte.

b) Agrega 2 tazas de harina, canela, azúcar o miel, levadura y sal si lo deseas al procesador de alimentos; procesar 5 segundos. Agrega la manzana procesada; procese durante 5 segundos adicionales.

c) Con el procesador en funcionamiento, agregue gradualmente ⅓ de taza de agua caliente a través del tubo de alimentación. Detenga la máquina y deje reposar la masa unos 20 segundos. Continúe procesando y agregando agua gradualmente a través del tubo de alimentación hasta que la masa forme una bola suave y los lados del tazón estén limpios. Pulse 2 o 3 veces más.

d) Espolvoree pasas y 1 cucharada de harina sobre la superficie limpia. Voltee la masa sobre la superficie y amase durante aproximadamente 1 minuto para incorporar las pasas. Agrega harina si la masa está muy pegajosa.

e) Enharine ligeramente el interior de la bolsa de plástico. Coloque la masa en una bolsa, ciérrela y déjala reposar de 15 a 20 minutos en un lugar cálido y oscuro.

f) Enrolle la masa formando un círculo de 12 a 14 pulgadas de diámetro. Colóquelo en una sartén engrasada o en una fuente para horno.

g) Cubrir con un paño de cocina y reservar en un lugar cálido mientras preparamos el relleno.

h) Precalienta el horno a 400 grados.

RELLENO:

i) Descorazona y corta las manzanas en rodajas finas como papel. Espolvorea jugo de limón sobre las rodajas de manzana. Agregue los ingredientes restantes del relleno y mezcle bien.

j) Vierta el relleno en la masa. Hornee por 20 minutos, luego gire el molde 180 grados. Reduzca la temperatura del horno a 375 grados y hornee por 20 minutos más o hasta que las manzanas estén doradas. Deje enfriar en el molde durante 5 minutos. Retirar de la sartén y dejar enfriar bien sobre una rejilla.

VIDRIAR:

k) En una cacerola pequeña, derrita la mermelada o las conservas. Agregue agua y deje hervir, revolviendo vigorosamente. Unte el glaseado sobre las manzanas y sirva.

71. schiacciata

INGREDIENTES:
- 4 tazas de harina para pan
- 2 cucharaditas de levadura instantánea
- 2 cucharaditas de sal
- 1 ½ tazas de agua tibia
- Aceite de oliva virgen extra
- Sal marina gruesa
- Opcional: romero fresco u otras hierbas

INSTRUCCIONES:

a) En un tazón grande, combine la harina para pan, la levadura instantánea y la sal. Mezclar bien.

b) Agrega poco a poco el agua tibia a los ingredientes secos, revolviendo con una cuchara o con las manos hasta que se forme una masa pegajosa.

c) Transfiera la masa a una superficie ligeramente enharinada y amase durante unos 5 minutos hasta que la masa se vuelva suave y elástica.

d) Coloque la masa amasada en un recipiente ligeramente engrasado, cúbrala con un paño de cocina limpio y déjela reposar en un lugar cálido durante aproximadamente 1 a 2 horas, o hasta que duplique su tamaño.

e) Una vez que la masa haya subido, desinfle suavemente y transfiérala a una bandeja para hornear forrada con papel pergamino.

f) Con las manos, presione y estire la masa para que se ajuste a la bandeja para hornear, creando una forma rectangular u ovalada. La masa debe tener aproximadamente ½ pulgada de espesor.

g) Rocíe generosamente aceite de oliva sobre la superficie de la masa, extendiéndolo uniformemente con las manos.

h) Espolvoree sal marina gruesa por encima, presionándola ligeramente contra la masa.

i) Opcional: si lo desea, esparza hojas frescas de romero u otras hierbas sobre la superficie de la schiacciata.

j) Cubre la bandeja para hornear con un paño de cocina y deja que la masa suba durante otros 30 minutos.

k) Precalienta el horno a 220°C (425°F).

l) Una vez que la masa haya subido, coloca la bandeja para hornear en el horno precalentado y hornea durante unos 15-20 minutos, o hasta que la schiacciata se dore y esté crujiente en los bordes.

m) Retire la schiacciata del horno y déjela enfriar un poco sobre una rejilla antes de cortarla y servirla.

72.Panel Di Altamura

INGREDIENTES:
- 4 tazas de harina de trigo duro (Semola di grano duro rimacinata)
- 1 ½ tazas de agua tibia
- 2 cucharaditas de sal
- 1 cucharadita de azúcar
- 2 cucharaditas de levadura fresca (o 1 cucharadita de levadura instantánea)
- Aceite de oliva virgen extra (para engrasar)

INSTRUCCIONES:
a) En un tazón grande, combine la harina de trigo duro, la sal y el azúcar. Mezclar bien.
b) Disuelva la levadura fresca en agua tibia (o siga las instrucciones si usa levadura instantánea) y déjela reposar durante unos minutos hasta que esté espumosa.
c) Haga un hueco en el centro de la mezcla de harina y vierta la mezcla de levadura en él.
d) Mezcle gradualmente los ingredientes, ya sea con una cuchara o con las manos, hasta que se forme una masa pegajosa.
e) Transfiera la masa a una superficie ligeramente enharinada y amase durante unos 10 minutos hasta que quede suave y elástica.
f) Forma una bola redonda con la masa y colócala en un bol ligeramente engrasado. Cubre el recipiente con un paño de cocina limpio y déjalo reposar en un lugar cálido durante unas 2 o 3 horas, o hasta que duplique su tamaño.
g) Una vez que la masa haya subido, desinfle suavemente y transfiérala a una bandeja para hornear forrada con papel pergamino.
h) Dale forma de pan redondo u ovalado a la masa, dándole una superficie lisa.
i) Con un cuchillo afilado o una hoja de afeitar, haga cortes diagonales o un patrón cruzado en la parte superior del pan.
j) Cubre el pan con un paño de cocina limpio y déjalo reposar durante 1 o 2 horas más, o hasta que se expanda visiblemente.
k) Precalienta el horno a 220°C (425°F).

l) Una vez que el pan haya subido, colóquelo en el horno precalentado y hornee durante unos 40-45 minutos, o hasta que el pan desarrolle una corteza dorada y suene hueco cuando se golpea en el fondo.

m) Retire el Pane di Altamura del horno y déjelo enfriar sobre una rejilla antes de cortarlo y servir.

73.Panel Casareccio

INGREDIENTES:
- 4 tazas de harina para pan
- 2 cucharaditas de levadura instantánea
- 2 cucharaditas de sal
- 1 ½ tazas de agua tibia
- Aceite de oliva virgen extra (para engrasar)

INSTRUCCIONES:

a) En un tazón grande, combine la harina para pan, la levadura instantánea y la sal. Mezclar bien.

b) Agrega poco a poco el agua tibia a los ingredientes secos, revolviendo con una cuchara o con las manos hasta que se forme una masa.

c) Transfiera la masa a una superficie ligeramente enharinada y amase durante unos 10 minutos hasta que quede suave y elástica.

d) Forma una bola redonda con la masa y colócala en un bol ligeramente engrasado. Cubre el recipiente con un paño de cocina limpio y déjalo reposar en un lugar cálido durante aproximadamente 1 a 2 horas, o hasta que duplique su tamaño.

e) Una vez que la masa haya subido, desinfle suavemente y transfiérala a una bandeja para hornear forrada con papel pergamino.

f) Dale forma de pan redondo u ovalado a la masa, dándole un aspecto rústico. También puedes dividir la masa en porciones más pequeñas para hacer panes de tamaño individual.

g) Cubre el pan con un paño de cocina limpio y déjalo reposar durante 1 o 2 horas más, o hasta que se expanda visiblemente.

h) Precalienta el horno a 220°C (425°F).

i) Opcional: antes de hornear, marque ligeramente la parte superior del pan con un cuchillo afilado o una hoja de afeitar para crear un patrón decorativo.

j) Coloque la bandeja para hornear con el pan en el horno precalentado y hornee durante unos 30-35 minutos, o hasta que el pan desarrolle una corteza dorada y suene hueco cuando se golpea en el fondo.

k) Retire el Pane Casareccio del horno y déjelo enfriar sobre una rejilla antes de cortarlo y servirlo.

74.Panel Toscano

INGREDIENTES:
- 4 tazas de harina para pan
- 2 cucharaditas de levadura instantánea
- 1 ½ tazas de agua tibia
- Aceite de oliva virgen extra (para engrasar)

INSTRUCCIONES:

a) En un tazón grande, combine la harina para pan y la levadura instantánea. Mezclar bien.

b) Agrega poco a poco el agua tibia a los ingredientes secos, revolviendo con una cuchara o con las manos hasta que se forme una masa pegajosa.

c) Transfiera la masa a una superficie ligeramente enharinada y amase durante unos 10 minutos hasta que quede suave y elástica.

d) Forma una bola redonda con la masa y colócala en un bol ligeramente engrasado. Cubre el recipiente con un paño de cocina limpio y déjalo reposar en un lugar cálido durante aproximadamente 1 a 2 horas, o hasta que duplique su tamaño.

e) Una vez que la masa haya subido, desinfle suavemente y transfiérala a una bandeja para hornear forrada con papel pergamino.

f) Dale forma de pan redondo u ovalado a la masa, dándole un aspecto rústico.

g) Cubre el pan con un paño de cocina limpio y déjalo reposar durante 1 o 2 horas más, o hasta que se expanda visiblemente.

h) Precalienta el horno a 220°C (425°F).

i) Opcional: antes de hornear, marque ligeramente la parte superior del pan con un cuchillo afilado o una hoja de afeitar para crear un patrón decorativo.

j) Coloque la bandeja para hornear con el pan en el horno precalentado y hornee durante unos 30-35 minutos, o hasta que el pan desarrolle una corteza dorada y suene hueco cuando se golpea en el fondo.

k) Retire el Pane Toscano del horno y déjelo enfriar sobre una rejilla antes de cortarlo y servirlo.

75. Pane Di Sémola

INGREDIENTES:
- 4 tazas de harina de sémola
- 2 cucharaditas de levadura instantánea
- 2 cucharaditas de sal
- 1 ½ tazas de agua tibia
- Aceite de oliva virgen extra (para engrasar)

INSTRUCCIONES:

a) En un tazón grande, combine la harina de sémola, la levadura instantánea y la sal. Mezclar bien.

b) Agrega poco a poco el agua tibia a los ingredientes secos, revolviendo con una cuchara o con las manos hasta que se forme una masa pegajosa.

c) Transfiera la masa a una superficie ligeramente enharinada y amase durante unos 10 minutos hasta que quede suave y elástica.

d) Forma una bola redonda con la masa y colócala en un bol ligeramente engrasado. Cubre el recipiente con un paño de cocina limpio y déjalo reposar en un lugar cálido durante aproximadamente 1 a 2 horas, o hasta que duplique su tamaño.

e) Una vez que la masa haya subido, desinfle suavemente y transfiérala a una bandeja para hornear forrada con papel pergamino.

f) Dale forma de pan redondo u ovalado a la masa, dándole un aspecto rústico.

g) Cubre el pan con un paño de cocina limpio y déjalo reposar durante 1 o 2 horas más, o hasta que se expanda visiblemente.

h) Precalienta el horno a 220°C (425°F).

i) Opcional: antes de hornear, marque ligeramente la parte superior del pan con un cuchillo afilado o una hoja de afeitar para crear un patrón decorativo.

j) Coloque la bandeja para hornear con el pan en el horno precalentado y hornee durante unos 30-35 minutos, o hasta que el pan desarrolle una corteza dorada y suene hueco cuando se golpea en el fondo.

k) Retire el Pane di Semola del horno y déjelo enfriar sobre una rejilla antes de cortarlo y servirlo.

76. Panel Al Pomodoro

INGREDIENTES:
- 4 tazas de harina para pan
- 2 cucharaditas de levadura instantánea
- 2 cucharaditas de sal
- 250 ml (1 taza) de agua tibia
- 2 cucharadas de pasta de tomate o puré de tomates
- 2 cucharadas de aceite de oliva virgen extra
- Hierbas secas como orégano, albahaca o tomillo (opcional)

INSTRUCCIONES:

a) En un tazón grande, combine la harina para pan, la levadura instantánea y la sal. Mezclar bien.

b) En un recipiente aparte, disuelva la pasta de tomate o los tomates en puré en el agua tibia hasta que estén bien combinados.

c) Agrega la mezcla de tomate y agua y aceite de oliva a los ingredientes secos. Mezcle con una cuchara de madera o una batidora de pie equipada con un gancho para amasar hasta que se forme una masa pegajosa.

d) Transfiera la masa a una superficie ligeramente enharinada y amase durante unos 10 minutos hasta que quede suave y elástica.

e) Coloque la masa en un recipiente ligeramente engrasado, cúbrala con un paño de cocina limpio y déjela reposar en un lugar cálido durante aproximadamente 1 a 2 horas, o hasta que duplique su tamaño.

f) Una vez que la masa haya subido, desinfle suavemente y transfiérala a una bandeja para hornear forrada con papel pergamino.

g) Dale forma de pan redondo u ovalado a la masa, dándole un aspecto rústico.

h) Cubre el pan con un paño de cocina limpio y déjalo reposar durante 1 o 2 horas más, o hasta que se expanda visiblemente.

i) Precalienta el horno a 220°C (425°F).

j) Opcional: antes de hornear, unte la parte superior del pan con aceite de oliva y espolvoree hierbas secas encima para darle más sabor y aroma.

k) Coloque la bandeja para hornear con el pan en el horno precalentado y hornee durante unos 30-35 minutos, o hasta que el pan desarrolle una corteza dorada y suene hueco cuando se golpea en el fondo.

l) Retire el Pane al Pomodoro del horno y déjelo enfriar sobre una rejilla antes de cortarlo y servirlo.

77. Panel Alle Oliva

INGREDIENTES:
- 4 tazas de harina para pan
- 2 cucharaditas de levadura instantánea
- 2 cucharaditas de sal
- 300 ml (1 ¼ tazas) de agua tibia
- 100 g (¾ taza) de aceitunas negras o verdes sin hueso, picadas o en rodajas
- 2 cucharadas de aceite de oliva virgen extra

INSTRUCCIONES:
a) En un tazón grande, combine la harina para pan, la levadura instantánea y la sal. Mezclar bien.
b) Agrega poco a poco el agua tibia a los ingredientes secos, revolviendo con una cuchara o con las manos hasta que se forme una masa pegajosa.
c) Agrega las aceitunas picadas o en rodajas a la masa y amasa durante unos minutos hasta que queden distribuidas uniformemente.
d) Transfiera la masa a una superficie ligeramente enharinada y continúe amasando durante unos 10 minutos hasta que quede suave y elástica.
e) Coloque la masa en un recipiente ligeramente engrasado, cúbrala con un paño de cocina limpio y déjela reposar en un lugar cálido durante aproximadamente 1 a 2 horas, o hasta que duplique su tamaño.
f) Una vez que la masa haya subido, desinfle suavemente y transfiérala a una bandeja para hornear forrada con papel pergamino.
g) Dale forma a la masa en una hogaza redonda u ovalada, o puedes crear una forma tradicional de "ciabatta" aplanando la masa ligeramente y alargándola.
h) Cubre el pan con un paño de cocina limpio y déjalo reposar durante 1 o 2 horas más, o hasta que se expanda visiblemente.
i) Precalienta el horno a 220°C (425°F).
j) Rocíe la parte superior del pan con aceite de oliva virgen extra.

k) Coloque la bandeja para hornear con el pan en el horno precalentado y hornee durante unos 30-35 minutos, o hasta que el pan desarrolle una corteza dorada y suene hueco cuando se golpea en el fondo.

l) Retire el Pane alle Olive del horno y déjelo enfriar sobre una rejilla antes de cortarlo y servir.

78.Pane Alle Noci

INGREDIENTES:
- 4 tazas de harina para pan
- 2 cucharaditas de levadura instantánea
- 2 cucharaditas de sal
- 300 ml (1 ¼ tazas) de agua tibia
- 100 g (1 taza) de nueces picadas
- 2 cucharadas de aceite de oliva virgen extra

INSTRUCCIONES:

a) En un tazón grande, combine la harina para pan, la levadura instantánea y la sal. Mezclar bien.

b) Agrega poco a poco el agua tibia a los ingredientes secos, revolviendo con una cuchara o con las manos hasta que se forme una masa pegajosa.

c) Agrega las nueces picadas a la masa y amasa durante unos minutos hasta que queden distribuidas uniformemente.

d) Transfiera la masa a una superficie ligeramente enharinada y continúe amasando durante unos 10 minutos hasta que quede suave y elástica.

e) Coloque la masa en un recipiente ligeramente engrasado, cúbrala con un paño de cocina limpio y déjela reposar en un lugar cálido durante aproximadamente 1 a 2 horas, o hasta que duplique su tamaño.

f) Una vez que la masa haya subido, desinfle suavemente y transfiérala a una bandeja para hornear forrada con papel pergamino.

g) Dale forma de pan redondo u ovalado a la masa.

h) Cubre el pan con un paño de cocina limpio y déjalo reposar durante 1 o 2 horas más, o hasta que se expanda visiblemente.

i) Precalienta el horno a 220°C (425°F).

j) Rocíe la parte superior del pan con aceite de oliva virgen extra.

k) Coloque la bandeja para hornear con el pan en el horno precalentado y hornee durante unos 30-35 minutos, o hasta que el pan desarrolle una corteza dorada y suene hueco cuando se golpea en el fondo.

l) Retire el Pane alle Noci del horno y déjelo enfriar sobre una rejilla antes de cortarlo y servirlo.

79.Panel Alle Erbe

INGREDIENTES:
- 4 tazas de harina para pan
- 2 cucharaditas de levadura instantánea
- 2 cucharaditas de sal
- 300 ml (1 ¼ tazas) de agua tibia
- 2 cucharadas de aceite de oliva virgen extra
- 2 cucharadas de hierbas frescas mixtas (como romero, tomillo, albahaca, orégano, perejil), finamente picadas

INSTRUCCIONES:

a) En un tazón grande, combine la harina para pan, la levadura instantánea y la sal. Mezclar bien.

b) Agrega poco a poco el agua tibia a los ingredientes secos, revolviendo con una cuchara o con las manos hasta que se forme una masa pegajosa.

c) Agrega las hierbas frescas picadas a la masa y amasa durante unos minutos hasta que se distribuyan uniformemente.

d) Transfiera la masa a una superficie ligeramente enharinada y continúe amasando durante unos 10 minutos hasta que quede suave y elástica.

e) Coloque la masa en un recipiente ligeramente engrasado, cúbrala con un paño de cocina limpio y déjela reposar en un lugar cálido durante aproximadamente 1 a 2 horas, o hasta que duplique su tamaño.

f) Una vez que la masa haya subido, desinfle suavemente y transfiérala a una bandeja para hornear forrada con papel pergamino.

g) Dale forma de pan redondo u ovalado a la masa.

h) Cubre el pan con un paño de cocina limpio y déjalo reposar durante 1 o 2 horas más, o hasta que se expanda visiblemente.

i) Precalienta el horno a 220°C (425°F).

j) Rocíe la parte superior del pan con aceite de oliva virgen extra.

k) Coloque la bandeja para hornear con el pan en el horno precalentado y hornee durante unos 30-35 minutos, o hasta que el pan desarrolle una corteza dorada y suene hueco cuando se golpea en el fondo.

l) Retire el Pane alle Erbe del horno y déjelo enfriar sobre una rejilla antes de cortarlo y servirlo.

80. Panel Di Riso

INGREDIENTES:
- 1 taza de arroz cocido
- 4 tazas de harina para pan
- 2 cucharaditas de levadura instantánea
- 2 cucharaditas de sal
- 1 taza de agua tibia
- 2 cucharadas de aceite de oliva virgen extra

INSTRUCCIONES:

a) En un tazón grande, combine la harina para pan, la levadura instantánea y la sal. Mezclar bien.

b) Agrega el arroz cocido a los ingredientes secos y mezcla para distribuirlo uniformemente.

c) Agrega poco a poco el agua tibia a la mezcla, revolviendo con una cuchara o con las manos hasta que se forme una masa pegajosa.

d) Transfiera la masa a una superficie ligeramente enharinada y amase durante unos 10 minutos hasta que quede suave y elástica.

e) Coloque la masa en un recipiente ligeramente engrasado, cúbrala con un paño de cocina limpio y déjela reposar en un lugar cálido durante aproximadamente 1 a 2 horas, o hasta que duplique su tamaño.

f) Una vez que la masa haya subido, desinfle suavemente y transfiérala a una bandeja para hornear forrada con papel pergamino.

g) Dale forma de pan redondo u ovalado a la masa.

h) Cubre el pan con un paño de cocina limpio y déjalo reposar durante 1 o 2 horas más, o hasta que se expanda visiblemente.

i) Precalienta el horno a 220°C (425°F).

j) Rocíe la parte superior del pan con aceite de oliva virgen extra.

k) Coloque la bandeja para hornear con el pan en el horno precalentado y hornee durante unos 30-35 minutos, o hasta que el pan desarrolle una corteza dorada y suene hueco cuando se golpea en el fondo.

l) Retire el Pane di Riso del horno y déjelo enfriar sobre una rejilla antes de cortarlo y servir.

81. Panel Di Ceci

INGREDIENTES:
- 1½ tazas de harina de garbanzos
- 1 ¾ tazas de agua
- 3 cucharadas de aceite de oliva virgen extra
- 1 cucharadita de sal
- Romero fresco u otras hierbas (opcional)

INSTRUCCIONES:

a) En un tazón, combine la harina de garbanzos y el agua. Batir bien hasta que la mezcla esté suave y sin grumos. Déjalo reposar durante al menos 1 hora o hasta toda la noche para permitir que la harina se hidrate.

b) Precalienta el horno a 220 °C (425 °F) y coloca una sartén grande de hierro fundido o una fuente para hornear en el horno para calentar.

c) Pasado el tiempo de reposo, retiramos la espuma que se haya podido formar encima de la masa de garbanzos.

d) Agrega el aceite de oliva y la sal a la masa y bate hasta que estén bien combinados.

e) Retire la sartén calentada o la fuente para hornear del horno y vierta con cuidado la masa en ella, distribuyéndola uniformemente.

f) Si lo desea, espolvoree romero fresco u otras hierbas sobre la masa.

g) Vuelva a colocar la sartén o fuente para hornear en el horno y hornee durante unos 20-25 minutos, o hasta que los bordes estén crujientes y dorados.

h) Retire el Pane di Ceci del horno y déjelo enfriar unos minutos antes de cortarlo en gajos o cuadrados.

i) Sirva caliente o a temperatura ambiente como guarnición, aperitivo o refrigerio.

82. Pane Di Patate

INGREDIENTES:
- 2 ¼ tazas de harina para pan
- 1½ tazas de papas cocidas y puré
- 2 cucharaditas de levadura instantánea
- 2 cucharaditas de sal
- 2 cucharadas de aceite de oliva virgen extra
- ⅔ taza de agua tibia

INSTRUCCIONES:
a) En un tazón grande, combine la harina para pan, la levadura instantánea y la sal. Mezclar bien.
b) Agrega el puré de papa a los ingredientes secos y mezcla hasta incorporar.
c) Agrega poco a poco el agua tibia y el aceite de oliva a la mezcla, revolviendo con una cuchara o con las manos hasta que se forme una masa pegajosa.
d) Transfiera la masa a una superficie ligeramente enharinada y amase durante unos 10 minutos hasta que quede suave y elástica.
e) Coloque la masa en un recipiente ligeramente engrasado, cúbrala con un paño de cocina limpio y déjela reposar en un lugar cálido durante aproximadamente 1 a 2 horas, o hasta que duplique su tamaño.
f) Una vez que la masa haya subido, desinfle suavemente y transfiérala a una bandeja para hornear forrada con papel pergamino.
g) Dale forma de pan redondo u ovalado a la masa.
h) Cubre el pan con un paño de cocina limpio y déjalo reposar durante 1 o 2 horas más, o hasta que se expanda visiblemente.
i) Precalienta el horno a 220°C (425°F).
j) Marque la parte superior del pan con un cuchillo afilado, creando algunos cortes.
k) Coloque la bandeja para hornear con el pan en el horno precalentado y hornee durante unos 30-35 minutos, o hasta que el pan desarrolle una corteza dorada y suene hueco cuando se golpea en el fondo.
l) Retire el Pane di Patate del horno y déjelo enfriar sobre una rejilla antes de cortarlo y servirlo.

83. Taralli

INGREDIENTES:
- 4 tazas de harina para todo uso
- 2 cucharaditas de sal
- 2 cucharaditas de azúcar
- 2 cucharaditas de polvo de hornear
- 120ml (½ taza) de vino blanco
- 120ml (½ taza) de aceite de oliva virgen extra
- Agua (según sea necesario)
- Sabores opcionales: semillas de hinojo, pimienta negra, hojuelas de chile, etc.

INSTRUCCIONES:
a) En un tazón grande, combine la harina, la sal, el azúcar y el polvo para hornear. Mezclar bien.
b) Agrega el vino blanco y el aceite de oliva a los ingredientes secos. Mezclar hasta que los ingredientes comiencen a unirse.
c) Agrega poco a poco agua, poco a poco, mientras amasas la masa con las manos hasta obtener una masa suave y ligeramente firme. La cantidad de agua necesaria puede variar dependiendo de la humedad de su ambiente.
d) Si lo desea, agregue a la masa saborizantes como semillas de hinojo, pimienta negra o hojuelas de chile. Amasar la masa unas cuantas veces más para distribuir los sabores de manera uniforme.
e) Divida la masa en porciones más pequeñas y enrolle cada porción hasta formar una cuerda fina, de aproximadamente 1 cm (0,4 pulgadas) de diámetro.
f) Corta la cuerda en trozos pequeños, de unos 7 a 10 cm (2,8 a 4 pulgadas) de largo.
g) Toma cada pieza y une los extremos formando un anillo.
h) Precalienta el horno a 180°C (350°F).
i) Traiga una olla grande con agua a hervir. Agrega un puñado de sal al agua hirviendo.
j) Eche con cuidado unos cuantos Taralli a la vez en el agua hirviendo y cocine durante aproximadamente 1 a 2 minutos, o hasta que floten en la superficie.

k) Con una espumadera o una espumadera, retire los Taralli hervidos del agua y transfiéralos a una bandeja para hornear forrada con papel pergamino.

l) Coloque los Taralli en el horno precalentado y hornee durante unos 25-30 minutos, o hasta que estén dorados y crujientes.

m) Saca los Taralli del horno y déjalos enfriar completamente antes de servir.

PAN TURCO

84.Simular

INGREDIENTES:
- 4 tazas de harina para todo uso
- 1 cucharada de levadura seca activa
- 1 cucharada de azúcar
- 1 cucharadita de sal
- 1 cucharada de aceite vegetal
- 1 ½ tazas de agua tibia
- ½ taza de melaza (para mojar)
- 1 taza de semillas de sésamo (para cubrir)

INSTRUCCIONES:
a) En un tazón pequeño, combine el agua tibia, el azúcar y la levadura. Déjelo reposar durante unos 5 minutos hasta que esté espumoso.
b) En un tazón grande, combine la harina y la sal. Haga un hueco en el centro y vierta la mezcla de levadura y el aceite vegetal. Mezclar con una cuchara de madera o con las manos hasta que se forme una masa rugosa.
c) Transfiera la masa a una superficie enharinada y amase durante unos 8-10 minutos hasta que quede suave y elástica. Si la masa queda demasiado pegajosa, puedes añadir un poco más de harina.
d) Coloca la masa en un bol engrasado y cúbrela con un paño húmedo. Déjalo reposar en un lugar cálido durante aproximadamente 1 a 2 horas hasta que duplique su tamaño.
e) Precalienta tu horno a 425°F (220°C). Cubra una bandeja para hornear con papel pergamino.
f) Golpee la masa cocida y divídala en porciones más pequeñas, del tamaño de una pelota de tenis. Tome cada porción y enróllela hasta formar una cuerda delgada, de aproximadamente 18 pulgadas de largo.
g) Forme un círculo con la cuerda, superponiendo ligeramente los extremos y gírelos para sellar. Repita con las porciones de masa restantes.
h) Vierta la melaza en un recipiente poco profundo. Sumerja cada simit en la melaza, asegurándose de que quede cubierto uniformemente.

i) Extienda las semillas de sésamo en un plato plano. Enrolle el simit cubierto de melaza en las semillas de sésamo, presionando suavemente para asegurarse de que se adhieran a la masa.

j) Coloque los simitos recubiertos en la bandeja para hornear preparada. Déjalas reposar unos 10-15 minutos.

k) Hornea los simit en el horno precalentado durante unos 15-20 minutos o hasta que se doren.

l) Retirar del horno y dejar enfriar sobre una rejilla.

85.Ekmek

INGREDIENTES:
- 4 tazas de harina para pan
- 2 cucharaditas de levadura instantánea
- 2 cucharaditas de sal
- 2 tazas de agua tibia

INSTRUCCIONES:

a) En un tazón grande, combine la harina para pan, la levadura instantánea y la sal.

b) Agrega poco a poco el agua tibia mientras mezclas con una cuchara de madera o con las manos. Continúe mezclando hasta que la masa comience a unirse.

c) Transfiera la masa a una superficie enharinada y amase durante unos 10-15 minutos hasta que quede suave y elástica. Si la masa te queda demasiado pegajosa, puedes añadir un poco más de harina durante el proceso de amasado.

d) Vuelva a colocar la masa amasada en el bol y cúbrala con un paño húmedo. Déjalo reposar en un lugar cálido durante aproximadamente 1 a 2 horas o hasta que duplique su tamaño.

e) Precalienta tu horno a 450°F (230°C). Si tienes una piedra para hornear o una bandeja para hornear, colócala también en el horno para precalentar.

f) Una vez que la masa haya subido, golpéala suavemente para liberar las burbujas de aire. Transfiera la masa a una superficie enharinada y déle forma de pan redondo u ovalado.

g) Coloque la masa moldeada sobre una bandeja para hornear o una piedra para hornear precalentada. Haz algunos cortes diagonales en la parte superior del pan con un cuchillo afilado.

h) Hornee el ekmek en el horno precalentado durante unos 20-25 minutos o hasta que se dore y suene hueco al golpearlo en el fondo.

i) Retire el ekmek del horno y déjelo enfriar sobre una rejilla antes de cortarlo y servirlo.

86. Lahmacun

INGREDIENTES:
PARA LA MASA:
- 2 ½ tazas de harina para todo uso
- 1 cucharadita de sal
- 1 cucharadita de levadura instantánea
- 1 cucharadita de azúcar
- 1 cucharada de aceite de oliva
- ¾ taza de agua tibia

PARA LA ADORNO:
- ½ libra de carne molida de cordero o ternera
- 1 cebolla, finamente picada
- 2 tomates, finamente picados
- 1 pimiento rojo, finamente picado
- 3 dientes de ajo, picados
- 2 cucharadas de pasta de tomate
- 2 cucharadas de aceite de oliva
- 2 cucharadas de jugo de limón
- 2 cucharaditas de comino molido
- 1 cucharadita de pimentón
- 1 cucharadita de orégano seco
- Sal y pimienta para probar

INSTRUCCIONES:

a) En un tazón, combine la harina, la sal, la levadura instantánea y el azúcar. Agrega el aceite de oliva y el agua tibia. Mezclar bien hasta que la masa se una.

b) Transfiera la masa a una superficie enharinada y amase durante unos 5-7 minutos hasta que quede suave y elástica. Vuelve a colocar la masa en el bol, cúbrela con un paño húmedo y déjala reposar unos 30 minutos.

c) Mientras tanto, prepara la mezcla de cobertura. En un recipiente aparte, combine el cordero o la carne molida, la cebolla finamente picada, los tomates, el pimiento rojo, el ajo picado, la pasta de tomate, el aceite de oliva, el jugo de limón, el comino molido, el pimentón, el orégano seco, la sal y la pimienta. Mezclar bien para combinar todos los ingredientes.

d) Precaliente su horno a la temperatura más alta (generalmente alrededor de 500 °F o 260 °C).

e) Divide la masa en porciones más pequeñas. Tome una porción a la vez y extiéndala hasta darle una forma redonda y delgada, de aproximadamente 8 a 10 pulgadas de diámetro. Coloque la masa extendida sobre una bandeja para hornear o una piedra para pizza.

f) Extienda una capa fina de la mezcla de cobertura uniformemente sobre la masa, dejando un pequeño borde alrededor de los bordes.

g) Repita el proceso con las porciones restantes de masa y la mezcla de cobertura.

h) Coloque el lahmacun preparado en el horno precalentado y hornee durante unos 8 a 10 minutos o hasta que los bordes de la masa se doren y la cobertura esté bien cocida.

i) Retire el lahmacun del horno y déjelo enfriar unos minutos antes de cortarlo. Tradicionalmente se enrolla y se sirve con un chorrito de jugo de limón y perejil fresco.

87. Bazlama

INGREDIENTES:
- 4 tazas de harina para todo uso
- 2 cucharaditas de levadura instantánea
- 1 cucharadita de azúcar
- 1 cucharadita de sal
- 1 ½ tazas de agua tibia
- 2 cucharadas de aceite de oliva

INSTRUCCIONES:

a) En un tazón pequeño, combine el agua tibia, el azúcar y la levadura instantánea. Déjelo reposar durante unos 5 minutos hasta que esté espumoso.

b) En un tazón grande, combine la harina y la sal. Haga un hueco en el centro y vierta la mezcla de levadura y el aceite de oliva. Mezclar con una cuchara de madera o con las manos hasta que se forme una masa peluda.

c) Transfiera la masa a una superficie enharinada y amase durante unos 5-7 minutos hasta que quede suave y elástica. Si la masa te queda demasiado pegajosa, puedes añadir un poco más de harina durante el proceso de amasado.

d) Vuelva a colocar la masa amasada en el bol y cúbrala con un paño húmedo. Déjalo reposar en un lugar cálido durante aproximadamente 1 a 2 horas o hasta que duplique su tamaño.

e) Una vez que la masa haya subido, golpéala hacia abajo para liberar las burbujas de aire. Divida la masa en porciones del mismo tamaño, según el tamaño deseado del bazlama.

f) Tome una porción de masa y extiéndala hasta darle forma redonda u ovalada, de aproximadamente ¼ de pulgada de grosor. Repita con las porciones de masa restantes.

g) Calienta una plancha o una sartén antiadherente grande a fuego medio. Coloque la masa extendida sobre la superficie caliente y cocine durante aproximadamente 2-3 minutos por cada lado, o hasta que se hinche ligeramente y desarrolle manchas doradas.

h) Retire el bazlama cocido de la plancha o sartén y envuélvalo en un paño de cocina limpio para mantenerlo caliente y suave. Repite el proceso con las porciones de masa restantes.

88.Sırıklı Ekmek

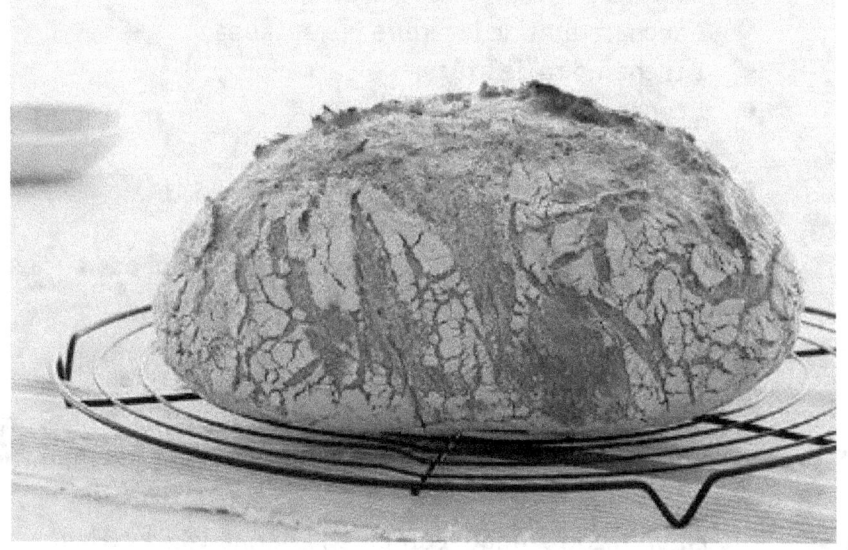

INGREDIENTES:
- 4 tazas de harina para todo uso
- 2 cucharaditas de levadura instantánea
- 1 cucharadita de azúcar
- 1 cucharadita de sal
- 1 ½ tazas de agua tibia
- 2 cucharadas de aceite de oliva
- Semillas de sésamo (opcional, para cubrir)
- Brochetas de madera (previamente empapadas en agua para evitar que se quemen)

INSTRUCCIONES:
a) En un tazón pequeño, combine el agua tibia, el azúcar y la levadura instantánea. Déjelo reposar durante unos 5 minutos hasta que esté espumoso.

b) En un tazón grande, combine la harina y la sal. Haga un hueco en el centro y vierta la mezcla de levadura y el aceite de oliva. Mezclar con una cuchara de madera o con las manos hasta que se forme una masa peluda.

c) Transfiera la masa a una superficie enharinada y amase durante unos 5-7 minutos hasta que quede suave y elástica. Si la masa te queda demasiado pegajosa, puedes añadir un poco más de harina durante el proceso de amasado.

d) Vuelva a colocar la masa amasada en el bol y cúbrala con un paño húmedo. Déjalo reposar en un lugar cálido durante aproximadamente 1 a 2 horas o hasta que duplique su tamaño.

e) Una vez que la masa haya subido, golpéala hacia abajo para liberar las burbujas de aire. Divide la masa en porciones del mismo tamaño.

f) Tome una porción de masa y extiéndala hasta formar un rectángulo largo y delgado, de aproximadamente ⅛ de pulgada de grosor.

g) Envuelva con cuidado la masa extendida alrededor de una brocheta de madera previamente empapada, comenzando por un extremo y girándola en espiral hasta el otro extremo. Presione firmemente los extremos de la masa para asegurarla en la brocheta.

h) Repite el proceso con las porciones de masa restantes y las brochetas.

i) Calienta una parrilla o fuego de carbón a fuego medio-alto.

j) Coloque la masa ensartada en la parrilla o sobre el fuego de carbón, girándola ocasionalmente para asegurar una cocción uniforme. Cocine durante unos 5-7 minutos, o hasta que el pan esté dorado y crujiente.

k) Una vez cocido, retire el sırıklı ekmek de las brochetas y espolvoree semillas de sésamo sobre el pan si lo desea.

89.Lavaş

INGREDIENTES:
- 4 tazas de harina para todo uso
- 1 cucharadita de sal
- 1 ½ tazas de agua tibia
- 2 cucharadas de aceite de oliva
- Harina extra para espolvorear

INSTRUCCIONES:

a) En un tazón grande, combine la harina y la sal, creando un hueco en el centro. Aquí es donde verterás los demás ingredientes.

b) Vierta el agua tibia y el aceite de oliva en el pozo. Mezcle gradualmente los ingredientes húmedos con la harina con una cuchara de madera o con las manos.

c) Continúe mezclando hasta que se forme una masa rugosa. Si se siente demasiado seco, agrega un poco más de agua; Si se siente demasiado pegajoso, espolvorea una pequeña cantidad de harina.

d) Transfiera la masa a una superficie limpia y enharinada y comience a amasar. Usa la palma de tu mano para alejar la masa de ti, luego dóblala hacia ti y repite. Continúe amasando durante unos 5-7 minutos hasta que la masa se vuelva suave y elástica.

e) Vuelva a colocar la masa amasada en el bol y cúbrala con un paño húmedo. Deje reposar la masa durante unos 30 minutos, permitiendo que se relaje y sea más fácil trabajar con ella.

f) Precalienta una sartén o plancha antiadherente a fuego medio.

g) Dividir la masa reposada en porciones más pequeñas. Tome una porción a la vez y extiéndala hasta darle forma circular y delgada. Espolvoree la masa ligeramente con harina según sea necesario para evitar que se pegue.

h) Transfiera con cuidado la masa extendida a la sartén o plancha precalentada. Cocine durante aproximadamente 1 a 2 minutos por cada lado, o hasta que el pan se hinche y desarrolle manchas de color marrón claro. Repita con las porciones de masa restantes.

i) A medida que se cocina cada pan lavaş, apílelos sobre un paño de cocina limpio para mantenerlos calientes y flexibles.

j) Sirva caliente el pan lavaş recién hecho, ya sea envolviéndolo alrededor de los rellenos de su elección o sirviéndolo junto con salsas, brochetas u otros platos.

90.Acı Ekmeği

INGREDIENTES:
- 4 tazas de harina para todo uso
- 2 cucharaditas de levadura instantánea
- 1 cucharadita de sal
- 1 cucharada de azúcar
- 1 cucharada de comino molido
- 1 cucharada de pimentón
- 1 cucharadita de hojuelas de chile (ajustar al gusto)
- 1 cucharadita de orégano seco
- 1 cucharadita de ajo en polvo
- 1 taza de agua tibia
- 3 cucharadas de aceite de oliva
- Harina extra para espolvorear

INSTRUCCIONES:
a) En un tazón grande, combine la harina, la levadura instantánea, la sal, el azúcar, el comino, el pimentón, las hojuelas de chile, el orégano seco y el ajo en polvo. Mezcla bien para distribuir las especias uniformemente.
b) Haga un hueco en el centro de los ingredientes secos y vierta el agua tibia y el aceite de oliva.
c) Mezcle gradualmente los ingredientes húmedos y secos con una cuchara de madera o con las manos hasta que se forme una masa pegajosa.
d) Transfiera la masa a una superficie ligeramente enharinada y amase durante unos 5-7 minutos hasta que la masa se vuelva suave y elástica. Si la masa queda demasiado pegajosa, añade un poco más de harina durante el proceso de amasado.
e) Vuelva a colocar la masa amasada en el tazón, cúbrala con un paño húmedo y déjela reposar en un lugar cálido durante aproximadamente 1 a 2 horas o hasta que duplique su tamaño.
f) Precalienta tu horno a 425°F (220°C). Cubra una bandeja para hornear con papel pergamino.
g) Una vez que la masa haya subido, golpéala hacia abajo para liberar las burbujas de aire. Transfiera la masa a una superficie enharinada y divídala en porciones del mismo tamaño.

h) Toma una porción de la masa y dale forma de pan redondo u ovalado. Colóquelo en la bandeja para hornear preparada. Repita con las porciones restantes de masa, dejando algo de espacio entre cada barra.

i) Con un cuchillo afilado, marque la parte superior de los panes en forma diagonal.

j) Hornee el Acı Ekmeği en el horno precalentado durante unos 15-20 minutos, o hasta que el pan esté dorado y suene hueco al golpearlo en la parte inferior.

k) Una vez horneado, sacamos el pan del horno y dejamos enfriar sobre una rejilla.

91.Peksimet

INGREDIENTES:
- Rebanadas de pan duro
- Miel, almíbar de uva o melaza (opcional)
- Semillas de sésamo o canela (opcional)

INSTRUCCIONES:

a) Precalienta el horno a la temperatura más baja, generalmente alrededor de 200 °F (93 °C).

b) Cortar el pan duro en trozos finos. Puedes cortarlos en cualquier forma que desees, como cuadrados o rectángulos.

c) Coloca las rebanadas de pan en una bandeja para hornear en una sola capa, asegurándote de que no se superpongan. Es posible que necesites varias bandejas para hornear o hornear en tandas, dependiendo de la cantidad de pan.

d) Coloque las bandejas para hornear en el horno precalentado y deje que las rebanadas de pan se horneen durante aproximadamente 2 a 3 horas, o hasta que estén completamente secas y crujientes. El tiempo de horneado puede variar según el grosor del pan y el nivel deseado de textura crujiente.

e) Una vez que las rebanadas de pan estén secas y crujientes, retíralas del horno y déjalas enfriar por completo.

f) En este punto, puedes disfrutar el peksimet tal cual o puedes agregar algunos condimentos si lo deseas. Para darle un toque de dulzura, puedes untar el peksimet con miel, sirope de uva o melaza mientras aún estén calientes.

g) Alternativamente, puedes espolvorear semillas de sésamo o canela sobre el peksimet para darle más sabor.

h) Deje que el peksimet se enfríe y se seque por completo antes de guardarlo en un recipiente hermético. Quedarán aún más crujientes a medida que se enfríen.

92.Cevizli Ekmek

INGREDIENTES:
- 4 tazas de harina para todo uso
- 2 cucharaditas de levadura instantánea
- 1 cucharadita de sal
- 1 cucharada de azúcar
- 1 ½ tazas de agua tibia
- ½ taza de nueces picadas
- Harina extra para espolvorear

INSTRUCCIONES:

a) En un tazón grande, combine la harina, la levadura instantánea, la sal y el azúcar. Mezcle bien para distribuir uniformemente los ingredientes secos.

b) Haga un hueco en el centro de la mezcla seca y vierta el agua tibia. Revuelve la mezcla hasta que empiece a unirse.

c) Transfiera la masa a una superficie limpia y enharinada y amase durante unos 5 a 7 minutos hasta que la masa se vuelva suave y elástica.

d) Agregue más harina si es necesario para evitar que se pegue.

e) Una vez que la masa esté bien amasada, colóquela nuevamente en el tazón. Cubre el bol con un paño húmedo y deja reposar la masa en un lugar cálido durante aproximadamente 1-2 horas, o hasta que duplique su tamaño.

f) Precalienta tu horno a 425°F (220°C). Cubra una bandeja para hornear con papel pergamino.

g) Una vez que la masa haya subido, golpéala hacia abajo para liberar las burbujas de aire. Transfiera la masa a una superficie enharinada y aplánela hasta darle forma rectangular u ovalada.

h) Espolvorea las nueces picadas uniformemente sobre la superficie de la masa. Presiona suavemente las nueces contra la masa para que se adhieran.

i) Enrolle bien la masa desde un extremo, creando una forma de tronco con las nueces adentro. Pellizque las costuras y los extremos para sellar.

j) Coloque la masa moldeada en la bandeja para hornear preparada. Cúbrelo con un paño limpio y déjalo reposar unos 15-20 minutos.

k) Hornee el Cevizli Ekmek en el horno precalentado durante unos 25-30 minutos, o hasta que el pan esté dorado y suene hueco al golpearlo en el fondo.

l) Una vez horneado, retira el pan del horno y déjalo enfriar sobre una rejilla antes de cortarlo y servirlo.

93.Yufka

INGREDIENTES:
- 4 tazas de harina para todo uso
- 1 cucharadita de sal
- 1 ½ tazas de agua tibia
- 2 cucharadas de aceite de oliva
- Harina extra para espolvorear

INSTRUCCIONES:
a) En un tazón grande, combine la harina y la sal. Crea un pozo en el centro.
b) Vierta el agua tibia y el aceite de oliva en el pozo. Mezcle gradualmente los ingredientes húmedos con la harina con una cuchara de madera o con las manos.
c) Continúe mezclando hasta que se forme una masa rugosa. Si se siente demasiado seco, agrega un poco más de agua; Si se siente demasiado pegajoso, espolvorea una pequeña cantidad de harina.
d) Transfiera la masa a una superficie limpia y enharinada y amase durante unos 5 a 7 minutos hasta que la masa se vuelva suave y elástica.
e) Divida la masa amasada en porciones más pequeñas. Forma una bola con cada porción y cúbrelas con un paño húmedo. Déjalas reposar unos 15-20 minutos para relajar el gluten.
f) Después de reposar, toma una bola de masa y aplánala con las manos para crear un pequeño disco.
g) Espolvoree la superficie de trabajo con harina y extienda el disco de masa lo más fino posible. Gire y voltee la masa con frecuencia para asegurar un espesor uniforme.
h) Una vez extendido, levante con cuidado la yufka y colóquela sobre un paño limpio y seco o una bandeja para hornear para que se seque ligeramente. Repite el proceso con las bolas de masa restantes.
i) Deja que la yufka se seque durante unos 10 a 15 minutos o hasta que ya no esté pegajosa al tacto.
j) Calienta una sartén o plancha antiadherente a fuego medio. Cocine cada yufka durante aproximadamente 1 a 2 minutos por cada lado, o hasta que desarrollen manchas de color marrón ligeramente dorado.
k) A medida que se cocina cada yufka, apílalas sobre un paño de cocina limpio para mantenerlas calientes y flexibles.

94.Pide Ekmek

INGREDIENTES:
- 4 tazas de harina para todo uso
- 2 cucharaditas de levadura instantánea
- 2 cucharaditas de azúcar
- 2 cucharaditas de sal
- 2 cucharadas de aceite de oliva
- 1 ½ tazas de agua tibia
- Aderezos opcionales: semillas de sésamo, semillas de nigella u otros aderezos deseados

INSTRUCCIONES:

a) En un tazón pequeño, combine el agua tibia, el azúcar y la levadura instantánea. Revuelva bien y déjelo reposar durante unos 5 a 10 minutos, o hasta que la mezcla se vuelva espumosa.

b) En un tazón grande, combine la harina y la sal. Haga un hueco en el centro y vierta la mezcla de levadura y el aceite de oliva.

c) Incorpora poco a poco la harina al líquido mezclando con una cuchara o con las manos hasta que se forme una masa.

d) Transfiera la masa a una superficie enharinada y amase durante unos 10 minutos, o hasta que quede suave y elástica. Agregue más harina si es necesario para evitar que se pegue, pero evite agregar demasiada, ya que puede hacer que el pan se dense.

e) Coloca la masa en un bol ligeramente engrasado, cúbrela con un paño húmedo o film transparente y déjala reposar en un lugar cálido durante aproximadamente 1-2 horas, o hasta que duplique su tamaño.

f) Precalienta el horno a 245 °C (475 °F) y cubre una bandeja para hornear con papel pergamino.

g) Golpee la masa cocida para liberar las burbujas de aire y divídala en 4 porciones iguales. Dale a cada porción una forma ovalada alargada, de aproximadamente ½ pulgada (1 cm) de grosor.

h) Coloque los panes pide con forma en la bandeja para hornear preparada. Si lo desea, puede untar la parte superior con aceite de oliva y espolvorear semillas de sésamo, semillas de nigella o cualquier otro aderezo que desee.

i) Hornee los panes pide en el horno precalentado durante unos 12-15 minutos, o hasta que se doren y formen una ligera costra.

j) Retira los panes pide del horno y déjalos enfriar unos minutos antes de servir.

95. Vakfıkebir Ekmeği

INGREDIENTES:
- 4 tazas de harina para pan
- 2 cucharaditas de levadura instantánea
- 2 cucharaditas de azúcar
- 2 cucharaditas de sal
- 2 cucharadas de aceite de oliva
- 1 ½ tazas de agua tibia

INSTRUCCIONES:
a) En un tazón pequeño, combine el agua tibia, el azúcar y la levadura instantánea. Revuelva bien y déjelo reposar durante unos 5 a 10 minutos, o hasta que la mezcla se vuelva espumosa.
b) En un tazón grande, combine la harina para pan y la sal. Haga un hueco en el centro y vierta la mezcla de levadura y el aceite de oliva.
c) Incorpora poco a poco la harina al líquido, mezclando con una cuchara o con las manos hasta que se forme una masa peluda.
d) Transfiera la masa a una superficie enharinada y amase durante unos 10 minutos, o hasta que quede suave y elástica. Agregue más harina si es necesario para evitar que se pegue, pero evite agregar demasiada, ya que puede hacer que el pan se dense.
e) Coloca la masa en un bol ligeramente engrasado, cúbrela con un paño húmedo o film transparente y déjala reposar en un lugar cálido durante aproximadamente 1-2 horas, o hasta que duplique su tamaño.
f) Precalienta el horno a 220 °C (425 °F) y coloca una piedra para hornear o una bandeja para hornear en el horno para precalentarlo también.
g) Golpee la masa cocida para liberar las burbujas de aire y déle forma de pan redondo u ovalado. Coloque el pan en una bandeja para hornear forrada con papel pergamino.
h) Cubre la masa con un paño húmedo y déjala reposar unos 15-20 minutos.
i) Retire el paño y use un cuchillo afilado o un pan cojo para marcar la parte superior del pan con algunos cortes diagonales.

j) Transfiera con cuidado la bandeja para hornear con el pan a la piedra para hornear precalentada o a la bandeja para hornear en el horno.

k) Hornee el pan durante unos 30-35 minutos, o hasta que la corteza se dore y suene hueca al golpearla en la parte inferior.

l) Retire el pan del horno y déjelo enfriar sobre una rejilla antes de cortarlo y servirlo.

96.Karadeniz Yöresi Ekmeği

INGREDIENTES:
- 4 tazas de harina para pan
- 2 cucharaditas de levadura instantánea
- 2 cucharaditas de azúcar
- 2 cucharaditas de sal
- 2 cucharadas de aceite de oliva o aceite de girasol
- 1 ½ tazas de agua tibia

INSTRUCCIONES:

a) En un tazón pequeño, combine el agua tibia, el azúcar y la levadura instantánea. Revuelva bien y déjelo reposar durante unos 5 a 10 minutos, o hasta que la mezcla se vuelva espumosa.

b) En un tazón grande, combine la harina para pan y la sal. Haga un hueco en el centro y vierta la mezcla de levadura y el aceite de oliva.

c) Incorpora poco a poco la harina al líquido, mezclando con una cuchara o con las manos hasta que se forme una masa peluda.

d) Transfiera la masa a una superficie enharinada y amase durante unos 10 minutos, o hasta que quede suave y elástica. Agregue más harina si es necesario para evitar que se pegue, pero evite agregar demasiada, ya que puede hacer que el pan se dense.

e) Coloca la masa en un bol ligeramente engrasado, cúbrela con un paño húmedo o film transparente y déjala reposar en un lugar cálido durante aproximadamente 1-2 horas, o hasta que duplique su tamaño.

f) Precalienta el horno a 220 °C (425 °F) y coloca una piedra para hornear o una bandeja para hornear en el horno para precalentarlo también.

g) Golpee la masa cocida para liberar las burbujas de aire y déle forma de pan redondo u ovalado. También puedes darle la forma de un Karadeniz Yöresi Ekmeği tradicional dividiendo la masa en trozos más pequeños y dándoles formas alargadas con extremos cónicos.

h) Coloque la masa moldeada en una bandeja para hornear forrada con papel pergamino.

i) Cubre la masa con un paño húmedo y déjala reposar unos 15-20 minutos.

j) Retire la tela y use un cuchillo afilado o un pan cojo para marcar la parte superior del pan con algunos cortes diagonales o crear un patrón si lo desea.

k) Transfiera con cuidado la bandeja para hornear con el pan a la piedra para hornear precalentada o a la bandeja para hornear en el horno.

l) Hornee el pan durante unos 30-35 minutos, o hasta que la corteza se dore y suene hueca al golpearla en la parte inferior.

m) Retire el pan del horno y déjelo enfriar sobre una rejilla antes de cortarlo y servirlo.

97.Köy Ekmeği

INGREDIENTES:
- 4 tazas de harina para pan
- 2 cucharaditas de levadura instantánea
- 2 cucharaditas de sal
- 2 cucharaditas de azúcar
- 2 tazas de agua tibia

INSTRUCCIONES:

a) En un tazón pequeño, combine el agua tibia, el azúcar y la levadura instantánea. Revuelva bien y déjelo reposar durante unos 5 a 10 minutos, o hasta que la mezcla se vuelva espumosa.

b) En un tazón grande, combine la harina para pan y la sal. Haga un hueco en el centro y vierta la mezcla de levadura.

c) Incorpora poco a poco la harina al líquido, mezclando con una cuchara o con las manos hasta que se forme una masa peluda.

d) Transfiera la masa a una superficie enharinada y amase durante unos 10 a 15 minutos, o hasta que quede suave y elástica. Agregue más harina si es necesario para evitar que se pegue, pero evite agregar demasiada, ya que puede hacer que el pan se dense.

e) Coloca la masa en un bol ligeramente engrasado, cúbrela con un paño húmedo o film transparente y déjala reposar en un lugar cálido durante aproximadamente 1-2 horas, o hasta que duplique su tamaño.

f) Precalienta el horno a 450 °F (230 °C) y coloca una piedra para hornear o una bandeja para hornear en el horno para precalentarlo también.

g) Golpee la masa cocida para liberar las burbujas de aire y déle forma de pan redondo u ovalado. También puedes dividir la masa en porciones más pequeñas y darles forma de rollos individuales si lo deseas.

h) Coloque la masa moldeada en una bandeja para hornear forrada con papel pergamino.

i) Cubre la masa con un paño húmedo y déjala reposar unos 15-20 minutos.

j) Retire la tela y use un cuchillo afilado o un pan cojo para marcar la parte superior del pan con algunos cortes diagonales o crear un patrón si lo desea.

k) Transfiera con cuidado la bandeja para hornear con el pan a la piedra para hornear precalentada o a la bandeja para hornear en el horno.

l) Hornee el pan durante unos 30-35 minutos, o hasta que la corteza se dore y suene hueca al golpearla en la parte inferior.

m) Retire el pan del horno y déjelo enfriar sobre una rejilla antes de cortarlo y servirlo.

98.Tost Ekmeği

INGREDIENTES:
- 4 tazas de harina para pan
- 2 cucharaditas de levadura instantánea
- 2 cucharaditas de azúcar
- 2 cucharaditas de sal
- 2 cucharadas de aceite de oliva
- 1 ½ tazas de agua tibia

INSTRUCCIONES:

a) En un tazón grande, combine la harina para pan, la levadura instantánea, el azúcar y la sal. Mezcle bien para distribuir uniformemente los ingredientes secos.

b) Agrega el aceite de oliva a los ingredientes secos y mézclalos.

c) Vierta poco a poco el agua tibia en el recipiente mientras revuelve. Continúe mezclando hasta que la masa comience a unirse.

d) Transfiera la masa a una superficie ligeramente enharinada y amase durante unos 10 a 15 minutos, o hasta que quede suave y elástica. Agregue más harina si es necesario para evitar que se pegue, pero evite agregar demasiada, ya que puede hacer que el pan se dense.

e) Forma una bola con la masa y colócala nuevamente en el tazón. Cubre el bol con un paño húmedo o film transparente y deja que la masa suba en un lugar cálido durante aproximadamente 1 a 2 horas, o hasta que duplique su tamaño.

f) Una vez que la masa haya subido, golpéala hacia abajo para liberar las burbujas de aire. Transfiera la masa a una superficie ligeramente enharinada y divídala en porciones del mismo tamaño, según el tamaño deseado de su Tost Ekmeği.

g) Forme una bola con cada porción y luego aplánela hasta darle forma rectangular, de aproximadamente ½ pulgada (1 cm) de grosor. Puedes utilizar un rodillo para ayudar a conseguir la forma y el grosor deseados.

h) Coloque los trozos de masa aplanados en una bandeja para hornear forrada con papel pergamino. Cúbrelas con un paño y déjalas reposar unos 15-20 minutos.

i) Precalienta tu horno a 400°F (200°C).

j) Hornee los Tost Ekmeği en el horno precalentado durante unos 15-20 minutos, o hasta que se doren y suenen huecos al golpearlos en el fondo.

k) Retire el pan del horno y déjelo enfriar sobre una rejilla antes de cortarlo y usarlo para sándwiches o tostar.

99.Kaşarli Ekmek

INGREDIENTES:
- 4 tazas de harina para pan
- 2 cucharaditas de levadura instantánea
- 2 cucharaditas de azúcar
- 2 cucharaditas de sal
- 2 cucharadas de aceite de oliva
- 1 ½ tazas de agua tibia
- 200 gramos de queso vegano para fundir, rallado
- Opcional: semillas de nigella o semillas de sésamo para cubrir

INSTRUCCIONES:
a) En un tazón grande, combine la harina para pan, la levadura instantánea, el azúcar y la sal. Asegúrese de una distribución uniforme de los ingredientes secos.
b) Agrega el aceite de oliva a la mezcla seca, incorporándolo bien.
c) Vierta poco a poco el agua tibia en el recipiente mientras revuelve. Continúe mezclando hasta que la masa comience a unirse.
d) Transfiera la masa a una superficie ligeramente enharinada y amase durante 10 a 15 minutos, o hasta que quede suave y elástica. Ajustar con más harina si es necesario, evitando cantidades excesivas que puedan engrosar el pan.
e) Forma una bola con la masa, regrésala al bol y cúbrela con un paño húmedo o film transparente. Déjelo reposar en un lugar cálido durante 1 a 2 horas o hasta que duplique su tamaño.
f) Una vez que haya subido, golpee la masa para que suelte las burbujas de aire. Divídalo en porciones del mismo tamaño, según el tamaño de pan que desee.
g) Tome una porción, aplánela hasta formar un círculo u óvalo (de aproximadamente ½ pulgada de grosor) y espolvoree generosamente queso vegano rallado en la mitad, dejando un borde.
h) Dobla la otra mitad sobre el queso, presionando los bordes para sellar.
i) Coloque el pan relleno en una bandeja para hornear forrada con papel pergamino. Repita con las porciones restantes de masa y el queso.

j) Opcional: unte la parte superior con un sustituto de huevo de origen vegetal y espolvoree semillas de nigella o semillas de sésamo para darle más sabor y atractivo visual.
k) Precalienta el horno a 400°F (200°C).
l) Hornea el Vegan Kaşarlı Ekmek durante 15-20 minutos o hasta que esté dorado, con queso derretido y burbujeante.
m) Retirar del horno y dejar enfriar un poco antes de servir. ¡Disfruta de tu delicioso toque vegetal en este clásico turco!

100. Kete

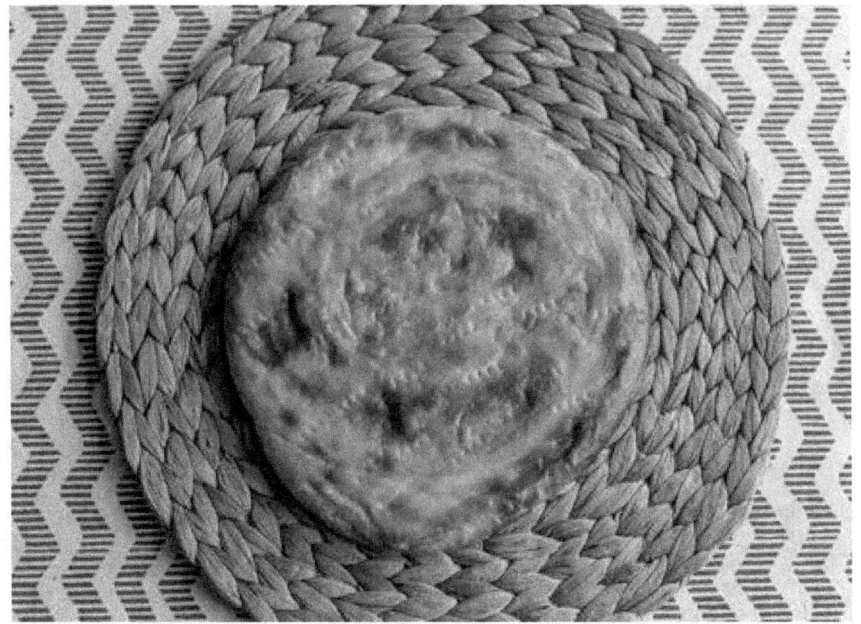

INGREDIENTES:
- 4 tazas de harina para todo uso
- 1 cucharadita de sal
- 1 cucharadita de azúcar
- 1 cucharada de levadura seca activa
- 1 taza de leche tibia
- ½ taza de aceite vegetal
- 1 huevo batido (para batir el huevo)
- Semillas de sésamo (para cubrir)

INSTRUCCIONES:
a) En un tazón grande, combine la harina, la sal y el azúcar, mezclando bien.
b) En un tazón pequeño aparte, disuelva la levadura en la leche tibia. Déjelo reposar durante aproximadamente 5 minutos hasta que la levadura se vuelva espumosa.
c) Haga un hueco en el centro de la mezcla de harina y vierta la mezcla de levadura y el aceite vegetal. Mezclar con una cuchara o con las manos hasta que se forme una masa suave.
d) Transfiera la masa a una superficie ligeramente enharinada y amase durante unos 10 minutos hasta que quede suave y elástica. Agrega más harina si es necesario para evitar que se pegue.
e) Vuelva a colocar la masa en el tazón, cúbrala con un paño húmedo y déjela reposar en un lugar cálido durante 1 a 2 horas, o hasta que duplique su tamaño.
f) Una vez que la masa haya subido, golpéala hacia abajo para liberar las burbujas de aire. Divida la masa en porciones del mismo tamaño según el tamaño de Kete deseado.
g) Tome una porción y extiéndala hasta darle una forma rectangular delgada, de aproximadamente ¼ de pulgada (0,5 cm) de grosor.
h) Cepille la superficie de la masa extendida con el huevo batido, dejando un pequeño borde alrededor de los bordes.
i) Comenzando por un extremo, enrolle firmemente la masa en forma de tronco, similar a un rollo de gelatina.
j) Estire suavemente la masa enrollada desde ambos extremos, haciéndola más larga y delgada.

k) Tome un extremo de la masa estirada y gírela en forma de espiral, similar a un rollo de canela. Continúe girando hasta llegar al otro extremo.
l) Repite el proceso con las porciones restantes de masa.
m) Precalienta el horno a 375 °F (190 °C) y cubre una bandeja para hornear con papel pergamino.
n) Coloque los panes Kete retorcidos en la bandeja para hornear preparada. Pincelamos la superficie con huevo batido y espolvoreamos semillas de sésamo por encima.
o) Hornee el Kete en el horno precalentado durante 20-25 minutos o hasta que la corteza se dore y el pan esté bien cocido.
p) Saca el pan del horno y déjalo enfriar sobre una rejilla antes de servir. ¡Disfruta de tu Kete casero!

CONCLUSIÓN

Al concluir nuestro sabroso viaje a través de "El arte de hornear pan vegano en casa", esperamos que haya experimentado la alegría y la satisfacción de crear un delicioso pan vegano en su propia cocina. Cada receta contenida en estas páginas es una celebración del arte, los sabores y las bondades libres de crueldad que la repostería vegana trae a tu mesa, un testimonio de las infinitas posibilidades en el mundo de la elaboración de pan a base de plantas.

Ya sea que haya saboreado la simplicidad de un pan de sándwich clásico, haya abrazado el sabor picante de una masa madre o haya disfrutado de la dulzura de un desayuno, confiamos en que estas 100 recetas lo hayan inspirado a mejorar sus habilidades para hacer pan vegano. Más allá de los ingredientes y las técnicas, que el concepto de hornear pan vegano se convierta en una fuente de alegría, creatividad y una deliciosa contribución a un estilo de vida compasivo.

Mientras continúas explorando el mundo de la repostería vegana, que "El arte de hornear pan vegano en casa" sea tu compañero de confianza, guiándote a través de una variedad de deliciosas opciones que hacen de la elaboración de pan vegano una experiencia deliciosa y satisfactoria. Brindemos por abrazar el arte del pan vegano y saborear las bondades de los panes de origen vegetal: ¡feliz horneado!

www.ingramcontent.com/pod-product-compliance
Lightning Source LLC
Chambersburg PA
CBHW070036140526
PP18296000001B/4